초등

영어듣기평가
완벽대비
Listen & Speak Up

4-2

구성과 특징

효과적인 활용법

이 책은 어떤 내용들로
이루어져 있을까요?
구성에 따른 특징과 효과적인
학습 방법을 알아봐요!

WARM UP | 어휘로 예습하기

듣기평가 모의고사에서 접하게 될 핵심 어휘들을 예습해 봅니다. 어휘들의 소리부터 의미, 철자까지 미리 공부하고 이 어휘들을 이용해 주어진 우리말의 의미를 완성하는 문제까지 풀어 보면서 듣기평가 모의고사를 풀어 볼 준비를 해 봅니다.

이것만은 꼭!

A, B 문제를 다 풀고 나서 단어, 어구, 문장을 큰 소리로 읽어 보세요. 읽을 수 있다면, 듣기평가 모의고사 문제를 풀 때도 잘 들을 수 있답니다.

LISTEN UP | 문제 풀며 듣기 집중력 강화하기

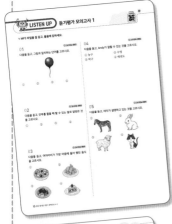

듣기평가 모의고사

실전 문제를 풀어 보며 다양한 문제 유형을 경험하고, 문제를 풀기 위한 기술을 익힙니다.

이것만은 꼭!

문제를 틀려도 괜찮아요. 틀린 문제는 여러 번 들어 보면서 어휘와 표현을 학습하면 된답니다.

실력 높여 보기

듣기평가 모의고사보다는 조금 어려울 수 있지만 더 긴 문장, 더 많은 내용이 담긴 문장들을 들어 보면서, 여러 가지 정보를 정확히 이해하고 문제에서 요구하는 답을 찾는 능력을 기릅니다.

이것만은 꼭!

문제가 어렵게 느껴질 수 있지만, 어렵다고 포기하지 마세요. 조금 긴 문장도 반복적으로 여러 번 듣다 보면 소리가 잘 들리고 내용이 잘 이해되는 순간이 온답니다. 천천히 실력을 높여 보도록 노력해 봐요!

JUMP UP | 받아쓰기로 복습하기

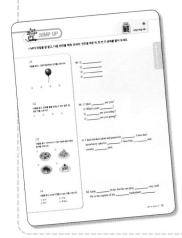

받아쓰기 활동을 통해 듣기평가 모의고사 문제에서 들었던 다양한 표현과 어휘들의 소리를 복습하고 익혀 봅니다. 받아쓰기 활동 옆에는 앞에서 풀어 봤던 듣기평가 모의고사 문제가 미니 사이즈로 구성되어 있어서, 다시 한번 문제를 풀어 보면서 문제의 유형을 파악하고 복습해 볼 수 있습니다.

이것만은 꼭!

받아쓰기를 하면서 한 번에 완성하지 못한 빈칸은 여러 번 반복해서 들으면서 하나씩 완성해 보세요. 철자를 몰라서 쓰지 못했다면 어휘 복습을 한 뒤에, 다시 한번 시도해 봅니다.

FLY UP | 통문장 받아쓰기로 실력 높이기

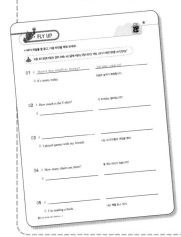

의사소통을 위한 주요 표현 및 핵심 문장들을 듣고 받아쓰는 연습을 합니다. 정확히 소리를 식별하고 내용을 파악함과 동시에 긴 문장을 듣고 쓰면서 문장 속 주요 표현에 익숙해집니다.

이것만은 꼭!

통문장을 쓰는 것이 어렵다면, 여러 번 들으면서 조금씩 나누어 써도 좋습니다. 꾸준히 하다 보면, 통문장을 쓰는 것에 익숙해질 거예요.

SPEAK UP | 말하기와 쓰기로 영어 어순 체득하기

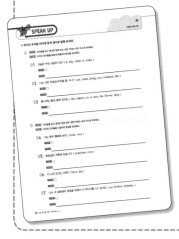

주어진 우리말 의미에 맞게 바로 말해 본 후, 글쓰기 과정을 통해 생각을 정리하고 영어 어순을 체득합니다. 단순한 말하기와 영작이 아니라, 주어진 단어들을 알맞은 순서로 배열하거나 단어들을 이용하여 문장을 완성하는 과정을 통해, 쉽고 자연스럽게 영어의 어순을 습득합니다.

이것만은 꼭!

쓰기 활동을 먼저 하면 안 돼요! 말하기 연습 후, 마지막으로 글쓰기로 정리해야 해요!

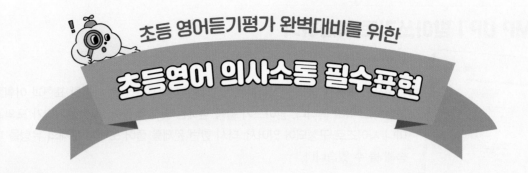

초등 영어듣기평가 완벽대비를 위한

초등영어 의사소통 필수표현

인사하고 안부 나누기	A: Hello, I'm Garam. 안녕. 나는 가람이야. B: Hi. I'm Lucy. 안녕. 나는 Lucy야. A: How are you? 어떻게 지내? B: Very well, thank you. 아주 잘 지내. 고마워.
소개 하기	A: What's your name? 너의 이름은 뭐니? B: My name is Eric. 내 이름은 Eric이야. A: This is my sister, Juha. 이 아이는 나의 여동생 주하야. B: Hi, Juha. Nice to meet you. 안녕, 주하야. 만나서 반가워. C: Nice to meet you, too. 나도 만나서 반가워.
지시 하기	A: Sit down, please. 앉으세요. B: Okay. 알겠습니다. A: Don't run here. 여기에서 뛰지 마세요. B: All right. 알겠습니다.
능력 묻고 답하기	A: Can you skate? 너는 스케이트를 탈 수 있니? B: Yes, I can. 응. 탈 수 있어. A: Can you swim? 너는 수영할 수 있니? B: No, I can't. 아니, 못 해.
개인 정보 묻고 답하기	A: Do you like apples? 너는 사과를 좋아하니? B: Yes, I do. 응. 좋아해. A: How old are you? 너는 몇 살이니? B: I'm nine years old. 나는 아홉 살이야.
사실적 정보 묻고 답하기	A: What's this? 이것은 뭐야? B: It's a ball. 그것은 공이야. A: What color is it? 그것은 무슨 색이니? B: It's blue. 그것은 파란색이야.

감정 표현하기	A: Are you happy? 너는 행복하니? B: Yes. I'm so happy. 응. 나는 매우 행복해.
	A: Are you okay? 너는 괜찮니? B: No, I'm not. I'm so sad. 아니. 안 괜찮아. 나는 너무 슬퍼.

날씨 묻고 답하기	A: How's the weather? 날씨가 어때? B: It's snowing. 눈이 내리고 있어.
	A: How's the weather today? 오늘 날씨가 어때? B: It's cloudy. 구름 낀 흐린 날씨야.

장소와 위치 말하기	A: Where is my eraser? 나의 지우개가 어디 있지? B: It's under the chair. 그것은 의자 밑에 있어.
	A: Where is the bag? 그 가방은 어디에 있어? B: It's on the sofa. 그것은 소파 위에 있어.

물건의 소유 묻고 답하기	A: Is this your cap? 이것은 너의 모자니? B: Yes, it's mine. 맞아. 그것은 나의 것이야.
	A: How many pencils do you have? 너는 몇 자루의 연필을 가지고 있니? B: I have two pencils. 나는 연필이 두 자루 있어.

제안하기와 답하기	A: Let's play soccer. 축구하자. B: That sounds good. 좋은 생각이야.
	A: Let's play badminton. 배드민턴 치자. B: Okay. 그래.

동작 묻고 답하기	A: Do you get up early? 너는 일찍 일어나니? B: Yes. I always get up at 7. 응. 나는 항상 7시에 일어나.
	A: What are you doing? 너는 무엇을 하고 있니? B: I'm watching TV. 나는 TV를 보고 있어.

시각과 요일 묻고 답하기	A: What time is it now? 지금 몇 시야? B: It's 9 o'clock. 9시 정각이야.
	A: What day is it today? 오늘은 무슨 요일이니? B: It's Friday. 금요일이야.

차 례

인공지능 DANCHOQ
푸리봇 문|제|검|색

EBS 초등사이트와 EBS 초등 APP 하단의
AI 학습도우미 푸리봇을 통해 문항코드를
검색하면 푸리봇이 해당 문제의 해설 강의를
찾아 줍니다.

문제별 문항코드 확인

[241036-0001]

1. 아래 그래프를 이해한 내용으로 가장 적절한 것은?

241036-0001

문항코드 검색

초등 영어듣기평가 완벽대비를 위한 학습 계획표

나만의 학습 계획을 세워서 공부해 보세요!
아래 구성에 따라 계획을 세우면 초등 영어듣기평가 완벽대비 20일 완성!

학습 단원	학습 내용	학습 날짜 및 확인	학습 내용	학습 날짜 및 확인
Listen & Speak Up 1	WARM UP 어휘 예습 LISTEN UP 듣기평가 모의고사 실력 높여 보기	월 일	JUMP UP 받아쓰기 FLY UP 통문장 받아쓰기 SPEAK UP 주요 표현 말하고 영작하기	월 일
Listen & Speak Up 2	WARM UP 어휘 예습 LISTEN UP 듣기평가 모의고사 실력 높여 보기	월 일	JUMP UP 받아쓰기 FLY UP 통문장 받아쓰기 SPEAK UP 주요 표현 말하고 영작하기	월 일
Listen & Speak Up 3	WARM UP 어휘 예습 LISTEN UP 듣기평가 모의고사 실력 높여 보기	월 일	JUMP UP 받아쓰기 FLY UP 통문장 받아쓰기 SPEAK UP 주요 표현 말하고 영작하기	월 일
Listen & Speak Up 4	WARM UP 어휘 예습 LISTEN UP 듣기평가 모의고사 실력 높여 보기	월 일	JUMP UP 받아쓰기 FLY UP 통문장 받아쓰기 SPEAK UP 주요 표현 말하고 영작하기	월 일
Listen & Speak Up 5	WARM UP 어휘 예습 LISTEN UP 듣기평가 모의고사 실력 높여 보기	월 일	JUMP UP 받아쓰기 FLY UP 통문장 받아쓰기 SPEAK UP 주요 표현 말하고 영작하기	월 일
Listen & Speak Up 6	WARM UP 어휘 예습 LISTEN UP 듣기평가 모의고사 실력 높여 보기	월 일	JUMP UP 받아쓰기 FLY UP 통문장 받아쓰기 SPEAK UP 주요 표현 말하고 영작하기	월 일
Listen & Speak Up 7	WARM UP 어휘 예습 LISTEN UP 듣기평가 모의고사 실력 높여 보기	월 일	JUMP UP 받아쓰기 FLY UP 통문장 받아쓰기 SPEAK UP 주요 표현 말하고 영작하기	월 일
Listen & Speak Up 8	WARM UP 어휘 예습 LISTEN UP 듣기평가 모의고사 실력 높여 보기	월 일	JUMP UP 받아쓰기 FLY UP 통문장 받아쓰기 SPEAK UP 주요 표현 말하고 영작하기	월 일
Listen & Speak Up 9	WARM UP 어휘 예습 LISTEN UP 듣기평가 모의고사 실력 높여 보기	월 일	JUMP UP 받아쓰기 FLY UP 통문장 받아쓰기 SPEAK UP 주요 표현 말하고 영작하기	월 일
Listen & Speak Up 10	WARM UP 어휘 예습 LISTEN UP 듣기평가 모의고사 실력 높여 보기	월 일	JUMP UP 받아쓰기 FLY UP 통문장 받아쓰기 SPEAK UP 주요 표현 말하고 영작하기	월 일

It's time to listen and speak up!

Are you ready?

Listen & Speak Up 1

WARM UP

새로운 어휘들을 미리 공부해 볼까요?

| 정답과 해설 2쪽 |

A MP3 파일을 잘 듣고, 알맞은 번호 옆에 어휘의 철자와 뜻을 쓰세요.
뒷장으로 넘어가기 전, 한 번 더 들어보고 싶은 경우에는 네모 박스에 체크하세요.

01 ☐ **weather**   날씨   06 ☐

02 ☐   07 ☐

03 ☐   08 ☐

04 ☐   09 ☐

05 ☐   10 ☐

B 주어진 우리말 의미에 맞도록 빈칸을 채우세요.
위에서 학습한 어휘들을 이용해 보세요.

01 오늘의 날씨   today's _____

02 농구를 하다   play _____

03 짧은 꼬리   a short _____

04 내일 아침   _____ morning

05 지난 주말   last _____

06 그들은 파티를 열 거야.   They will _____ _____ _____.

07 나는 안경을 써.   I _____ glasses.

08 어디에서 손을 씻나요?   Where can I _____ my hands?

09 나는 매주 도서관에 간다.   I go to the _____ every week.

10 지하철역은 어디입니까?   Where is the _____ station?

● MP3 파일을 잘 듣고, 물음에 답하세요.

01
241036-0001

다음을 듣고, 그림과 일치하는 단어를 고르시오.

① ② ③ ④

02
241036-0002

다음을 듣고, 안부를 물을 때 할 수 있는 말로 알맞은 것을 고르시오.

① ② ③ ④

03
241036-0003

다음을 듣고, 여자아이가 가장 마음에 들어 했던 음식을 고르시오.

① ②

③ ④

04
241036-0004

다음을 듣고, Andy가 잘할 수 있는 것을 고르시오.

① 농구 ② 수영
③ 탁구 ④ 태권도

05
241036-0005

다음을 듣고, 여자가 설명하고 있는 것을 고르시오.

①  ②

③ ④

06

▶ 241036-0006

다음을 듣고, 자연스럽지 <u>않은</u> 대화를 고르시오.

①   ②   ③   ④

07

▶ 241036-0007

대화를 듣고, 두 아이가 만나기로 한 장소를 고르시오.

① 도서관   ② 제과점
③ 체육관   ④ 놀이공원

08

▶ 241036-0008

대화를 듣고, 남자아이가 사려고 하는 것을 고르시오.

09

▶ 241036-0009

대화를 듣고, 여자아이가 할머니 댁에 가는 이유를 고르시오.

① 생신 파티를 열려고
② 책을 읽어 드리려고
③ 함께 여행을 하려고
④ 할머니가 편찮으셔서

10

▶ 241036-0010

대화를 듣고, 그림 속에서 Ryan을 고르시오.

Listen & Speak Up 1

11

▶ 241036-0011

대화를 듣고, 미나가 어제 한 일을 고르시오.

① 낚시하기
② 연날리기
③ 음악 듣기
④ 놀이 기구 타기

12

▶ 241036-0012

다음을 듣고, John이 저녁마다 하는 일이 <u>아닌</u> 것을 고르시오.

① 설거지하기
② 햄스터 먹이 주기
③ 옷 정리하기
④ 책가방 싸기

13

▶ 241036-0013

다음을 듣고, 설명에 알맞은 직업을 고르시오.

① 의사　　　　　② 과학자
③ 선생님　　　　④ 소방관

14

▶ 241036-0014

다음을 듣고, 그림의 상황에 알맞은 대화를 고르시오.

①　　　　②　　　　③　　　　④

15

▶ 241036-0015

대화를 듣고, 두 아이가 만나기로 한 요일을 고르시오.

① 월요일　　　　② 수요일
③ 금요일　　　　④ 일요일

16

241036-0016

대화를 듣고, Ted의 기분으로 알맞은 것을 고르시오.

① sad　　　　　　② angry
③ excited　　　　④ disappointed

17

241036-0017

대화를 듣고, 남자아이가 가려고 하는 곳을 지도에서 고르시오.

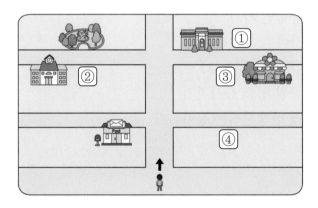

18

241036-0018

대화를 듣고, 두 아이가 이용할 교통수단을 고르시오.

① bus　　　　　　② taxi
③ train　　　　　④ subway

19

241036-0019

다음을 듣고, 질문에 이어질 응답으로 알맞은 것을 고르시오.

① I do my homework every day.
② I'm cleaning the window now.
③ I won't be late for school again.
④ I'll go to the cafeteria with you.

20

241036-0020

대화를 듣고, 마지막 질문에 이어질 응답으로 알맞은 것을 고르시오.

① I'll pay by credit card.
② I need forty five candles.
③ This cake is for my mom.
④ I will make a birthday card.

| 정답과 해설 6쪽 |

● MP3 파일을 잘 듣고, 물음에 답하세요.

01
241036-0021

대화를 듣고, Ellie가 누구인지 고르시오.

02
241036-0022

대화를 듣고, 여자아이가 지불해야 할 금액을 고르시오.

① $5 ② $6
③ $11 ④ $13
⑤ $16

03
241036-0023

대화를 듣고, 두 아이가 함께하기로 한 일을 고르시오.

① 숙제하기
② 산책하기
③ 영화 보기
④ 쿠키 굽기
⑤ 방 청소하기

04
241036-0024

대화를 듣고, 지나가 지난 주말에 한 일을 고르시오.

① 동물원 가기
② 강아지 입양하기
③ 강에서 수영하기
④ 공원 청소 봉사하기
⑤ 개 산책시키는 봉사하기

05
241036-0025

다음을 듣고, Mia의 어머니가 아침마다 하는 일이 아닌 것을 고르시오.

① 요가하기
② 신문 읽기
③ 식사 준비하기
④ 화분에 물 주기
⑤ 학교에 아이 태워다 주기

● MP3 파일을 잘 듣고, 다음 빈칸을 채워 보세요. 빈칸을 채운 뒤, 한 번 더 문제를 풀어 보세요.

01

다음을 듣고, 그림과 일치하는 단어를 고르시오.

①   ②   ③   ④

W: ① _____
② _____
③ _____
④ _____

02

다음을 듣고, 안부를 물을 때 할 수 있는 말로 알맞은 것을 고르시오.

①   ②   ③   ④

M: ① How _____ are you?
② What's your _____?
③ _____ are you today?
④ _____ are you going?

03

다음을 듣고, 여자아이가 가장 마음에 들어 했던 음식을 고르시오.

①   ②

③   ④

G: I had chicken salad and pasta for _____. I also had strawberry cake for _____. I liked the _____ and creamy _____ best.

04

다음을 듣고, Andy가 잘할 수 있는 것을 고르시오.

① 농구   ② 수영
③ 탁구   ④ 태권도

M: Andy _____ swim, but he can play _____ very well. He is the captain of his _____ basketball _____.

05

다음을 듣고, 여자가 설명하고 있는 것을 고르시오.

①   ②

③   ④

W: This is not _____ but it can _____ very fast. It has long _____ and a short tail. It eats _____. What is it?

06

다음을 듣고, 자연스럽지 않은 대화를 고르시오.

①   ②   ③   ④

① W: How's the _____ today?

M: It's sunny.

② W: Can you play basketball?

M: Yes, I can. I'm _____ at it.

③ W: May I _____ your phone?

M: Sure, go ahead.

④ W: What _____ is it today?

M: I like rainy days.

07

대화를 듣고, 두 아이가 만나기로 한 장소를 고르시오.

① 도서관   ② 제과점
③ 체육관   ④ 놀이공원

G: Suho, do you play _____?

B: Yes, I do. I _____ badminton.

G: Then would you like to _____ together tomorrow morning?

B: Sure. Shall we meet in the _____?

G: Yes, see you there!

08

대화를 듣고, 남자아이가 사려고 하는 것을 고르시오.

W: Hi! May I help you?

B: Hi, I'm looking for a _____ for my grandma.

W: How about this _____ one?

B: It's pretty. How _____ is it?

W: It's _____ dollars.

B: Okay, I'll take it.

09

대화를 듣고, 여자아이가 할머니 댁에 가는 이유를 고르시오.

① 생신 파티를 열려고
② 책을 읽어 드리려고
③ 함께 여행을 하려고
④ 할머니가 편찮으셔서

B: What are you going to do this _____?
G: I'm going to visit my _____ in Sokcho.
B: That's nice. Are you doing anything special with her?
G: Her _____ is coming up soon. My family is throwing a _____ for her.
B: Wow, have a nice time!

10

대화를 듣고, 그림 속에서 Ryan을 고르시오.

G: Wow, is this your _____ photo?
B: Yes, it is. We're all good friends.
G: Where is Ryan, your _____ friend?
B: He's wearing _____ in the picture.
G: Does he have brown hair?
B: No, he has _____ hair.

11

대화를 듣고, 미나가 어제 한 일을 고르시오.

① 낚시하기
② 연날리기
③ 음악 듣기
④ 놀이기구 타기

B: Mina, what did you do _____?
G: I went to Lake Park with my _____.
B: How was it?
G: It was fantastic. I flew a _____ there with my _____.
B: Wow, that sounds fun!

12

다음을 듣고, John이 저녁마다 하는 일이 <u>아닌</u> 것을 고르시오.

① 설거지하기
② 햄스터 먹이 주기
③ 옷 정리하기
④ 책가방 싸기

W: John does many things every _____. He does the _____ with his mom after dinner. He feeds his hamster. He packs his school _____ for the next day. He's so _____!

13

다음을 듣고, 설명에 알맞은 직업을 고르시오.

① 의사   ② 과학자
③ 선생님   ④ 소방관

14

다음을 듣고, 그림의 상황에 알맞은 대화를 고르시오.

①   ②   ③   ④

15

대화를 듣고, 두 아이가 만나기로 한 요일을 고르시오.

① 월요일   ② 수요일
③ 금요일   ④ 일요일

16

대화를 듣고, Ted의 기분으로 알맞은 것을 고르시오.

① sad   ② angry
③ excited   ④ disappointed

M: I help people in _____. I often ride in a fire _____ to reach them. I put out _____ and save people. It's _____ work, but I love my job. Can you guess my job?

소방차는 fire truck뿐 아니라 fire engine이라고 부르기도 합니다. fire truck은 주로 미국에서, fire engine은 영국에서 쓰는 표현이에요. 이처럼 같은 사물을 미국식, 영국식 영어에서 다르게 부르는 경우가 종종 있답니다.

① M: Are you ready to _____?
   G: Yes. One orange juice, please.
② M: Where can I _____ my hands?
   G: The restroom is over there.
③ M: How much are the _____?
   G: They are 10 dollars a bag.
④ M: Do you _____ orange juice?
   G: No, I don't like it.

B: The school festival is coming up. We should practice _____ for it.
G: Good idea. When are you free?
B: How about _____ or Friday?
G: Friday is fine with me. Let's _____ after school.
B: Okay. See you on _____.

B: Hi, Amy. How are you?
G: Hi, Ted. I'm good. You look very _____.
B: I am. My favorite _____ team won this afternoon!
G: You like the Little Wolves?
B: Yes. Do you like _____?
G: Yes. They're my _____ team, too.

17

대화를 듣고, 남자아이가 가려고 하는 곳을 지도
에서 고르시오.

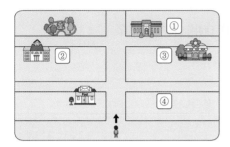

B: Excuse me. How can I get to Bob's Bakery?

G: It's _____ here. Go straight _____ blocks and turn right.

B: Go straight two blocks and turn _____?

G: Yes, it'll be on your right. It's _____ to the flower shop.

B: Thank you very much.

G: You're welcome.

18

대화를 듣고, 두 아이가 이용할 교통수단을 고르
시오.

① bus   ② taxi
③ train   ④ subway

G: How are you getting to the _____?

B: I don't know. The _____ station is too far.

G: Why don't you take _____ number 8 with me?

B: That's a good idea! See you at the bus _____ at 2 p.m.

G: Great. See you soon!

'지하철'을 의미하는 영어 단어는 서너 가지가 있는데요. 미국에서는 주로 subway, 영국에서는 underground라고 부른답니다. 또한 영국을 제외한 유럽 여러 나라에서는 metro라고 부르지요. 영국 런던에서는 특히 둥그런 지하철 모양 때문에 tube라는 별명으로도 부른다네요.

19

다음을 듣고, 질문에 이어질 응답으로 알맞은 것
을 고르시오.

① I do my homework every day.
② I'm cleaning the window now.
③ I won't be late for school again.
④ I'll go to the cafeteria with you.

W: What are you _____ now?

20

대화를 듣고, 마지막 질문에 이어질 응답으로 알
맞은 것을 고르시오.

① I'll pay by credit card.
② I need forty five candles.
③ This cake is for my mom.
④ I will make a birthday card.

M: Can I help you?

G: Yes. I want to _____ this _____ for my mom's birthday.

M: Good _____! How many _____ do you need?

● MP3 파일을 잘 듣고, 다음 빈칸을 채워 보세요.

"A에는 B의 대답에 어울리는 질문이, B에는 A의 질문에 어울리는 대답이 들어갈 거예요. A와 B가 어떠한 대화를 나누게 될까요?"

01 A How's the weather today?   오늘 날씨가 어떻습니까?

   B It's sunny today.   오늘은 날씨가 화창합니다.

02 A How much is the T-shirt?   이 티셔츠는 얼마입니까?

   B _____   _____

03 A _____   _____

   B I played games with my friends.   나는 내 친구들과 게임을 했어.

04 A How many chairs are there?   몇 개의 의자가 있습니까?

   B _____   _____

05 A _____   _____

   B I'm reading a book.   나는 책을 읽고 있어.

"한 번에 문장을 다 쓰긴 어려워요. 여러 번 들으면서 메모하며 천천히 적어도 좋아요. 문장이 완성되면, 우리말 뜻도 적어 보세요!"

06 My _____ sister likes _____ pizza _____ very much _____.

나의 언니는[누나는/여동생은] 피자를 매우 좋아해요.

07 _____ flew a _____ with _____.

_____

08 Daniel _____ after _____.

_____

09 My _____ the game.

_____

10 _____ straight _____ and _____.

_____

● **주어진 우리말 의미에 맞게 영어로 말해 보세요.**

A **STEP 1** 우리말을 읽고 영어로 말해 봐요. 말한 뒤에는 네모 박스에 체크해요.
     STEP 2 주어진 단어들을 알맞게 배열하여 문장을 완성해요.

01 오늘은 무슨 요일인가요? (it, day, what, is, today)

STEP 1 ☐

STEP 2 _____

02 너는 이번 주말에 무엇을 할 거니? (are, what, doing, you, weekend, this)

STEP 1 ☐

STEP 2 _____

03 꽃가게는 빵집 옆에 있어요. (the, bakery, to, is, next, the, flower, shop)

STEP 1 ☐

STEP 2 _____

B **STEP 1** 우리말을 읽고 영어로 말해 봐요. 말한 뒤에는 네모 박스에 체크해요.
     STEP 2 주어진 단어들을 이용하여 문장을 완성해요.

04 너는 매우 행복해 보여. (look, very)

STEP 1 ☐

STEP 2 _____

05 화장실은 저쪽에 있습니다. (restroom, over)

STEP 1 ☐

STEP 2 _____

06 이 노란 모자는 어때? (How, hat)

STEP 1 ☐

STEP 2 _____

07 나는 내 남동생의 생일을 위해서 이 케이크를 사고 싶어요. (my brother, birthday)

STEP 1 ☐

STEP 2 _____

Listen & Speak Up 2

WARM UP

새로운 어휘들을 미리 공부해 볼까요?

| 정답과 해설 8쪽 |

A MP3 파일을 잘 듣고, 알맞은 번호 옆에 어휘의 철자와 뜻을 쓰세요.
뒷장으로 넘어가기 전, 한 번 더 들어보고 싶은 경우에는 네모 박스에 체크하세요.

01 ☐ **umbrella**   우산   06 ☐ _____ _____

02 ☐ _____ _____   07 ☐ _____ _____

03 ☐ _____ _____   08 ☐ _____ _____

04 ☐ _____ _____   09 ☐ _____ _____

05 ☐ _____ _____   10 ☐ _____ _____

B 주어진 우리말 의미에 맞도록 빈칸을 채우세요.
위에서 학습한 어휘들을 이용해 보세요.

01 노란 우산   a yellow _____

02 개를 무서워하다   be _____ of dogs

03 부드럽게 문지르다   rub _____

04 책들을 반납하다   _____ books

05 집에 머무르다   _____ home

06 그 영화는 지루했어.   The movie was _____.

07 나는 매일 샤워를 한다.   I take a _____ every day.

08 나는 실수를 했어.   I made a _____.

09 나는 책을 세 권 빌린다.   I _____ three books.

10 그것이 갑자기 도망쳤어.   It _____ ran away.

Listen & Speak Up 2 **23**

● MP3 파일을 잘 듣고, 물음에 답하세요.

01
▶ 241036-0026

다음을 듣고, 그림과 일치하는 단어를 고르시오.

①   ②   ③   ④

02
▶ 241036-0027

다음을 듣고, 날씨를 물을 때 할 수 있는 말로 알맞은 것을 고르시오.

①   ②   ③   ④

03
▶ 241036-0028

다음을 듣고, Laura가 싫어하는 운동을 고르시오.

①    ②

③    ④

04
▶ 241036-0029

다음을 듣고, 남자아이가 내일 할 일을 고르시오.

① 영화 보기
② 농구공 사기
③ TV 시청하기
④ 할머니 댁 가기

05
▶ 241036-0030

다음을 듣고, 여자가 설명하고 있는 것을 고르시오.

①   ②

③   ④

06

241036-0031

다음을 듣고, 자연스럽지 않은 대화를 고르시오.

①   ②   ③   ④

07

241036-0032

대화를 듣고, 두 아이가 하기로 한 일을 고르시오.

① 독서하기
② 그림 그리기
③ 도서관 가기
④ 봉사 활동하기

08

241036-0033

대화를 듣고, 여자가 사려고 하는 것을 고르시오.

09

241036-0034

대화를 듣고, 남자아이가 수영을 하러 갈 수 없는 이유를 고르시오.

① 감기에 걸려서
② 용돈이 부족해서
③ 숙제를 해야 해서
④ 할머니 댁에 가야 해서

10

241036-0035

대화를 듣고, 그림 속에서 보라의 강아지를 고르시오.

Listen & Speak Up 2

11

241036-0036

대화를 듣고, Kate가 방학에 한 일을 고르시오.

① 낚시하기
② 요리하기
③ 운동하기
④ 악기 배우기

12

241036-0037

다음을 듣고, Jason이 일요일마다 하는 일이 <u>아닌</u> 것을 고르시오.

① 반려견 산책시키기
② 친구와 숙제하기
③ 피아노 치기
④ 방 청소하기

13

241036-0038

다음을 듣고, 설명에 알맞은 직업을 고르시오.

① 화가
② 요리사
③ 치과 의사
④ 피아니스트

14

241036-0039

다음을 듣고, 그림의 상황에 알맞은 대화를 고르시오.

①   ②   ③   ④

15

241036-0040

대화를 듣고, 두 아이가 만나기로 한 요일을 고르시오.

① 월요일
② 화요일
③ 토요일
④ 일요일

16

▶ 241036-0041

대화를 듣고, Brian의 기분으로 알맞은 것을 고르시오.

① sad   ② bored

③ happy   ④ excited

17

▶ 241036-0042

대화를 듣고, 여자가 탈 기차를 고르시오.

목적지	출발 시간
① 부산	2:00 p.m.
② 부산	2:15 p.m.
③ 목포	2:15 p.m.
④ 목포	2:30 p.m.

18

▶ 241036-0043

대화를 듣고, Sam이 대화 후에 갈 장소를 고르시오.

① ice cream shop

② bookstore

③ bakery

④ school

19

▶ 241036-0044

다음을 듣고, 질문에 이어질 응답으로 알맞은 것을 고르시오.

① I'll do the dishes right now.

② I cannot go with you. Sorry.

③ I do my homework after dinner.

④ I'll practice taekwondo tomorrow.

20

▶ 241036-0045

대화를 듣고, 마지막 질문에 이어질 응답으로 알맞은 것을 고르시오.

① I'll bring my new chessboard.

② You can come over to my house.

③ I don't like playing chess anymore.

④ I'd like to see you tomorrow night.

● MP3 파일을 잘 듣고, 물음에 답하세요.

01
▶ 241036-0046

대화를 듣고, 소라가 피아노 수업에 가지 <u>못한</u> 이유를 고르시오.

① 공항에 가서
② 감기에 걸려서
③ 이모가 방문하셔서
④ 수업을 깜빡 잊어서
⑤ 이모 생신 파티에 참가해서

02
▶ 241036-0047

대화를 듣고, 남자아이가 지불해야 할 금액을 고르시오.

① $8   ② $12
③ $16   ④ $18
⑤ $20

03
▶ 241036-0048

대화를 듣고, Tom이 엄마에게 부탁한 일을 고르시오.

① 과학 숙제 도와주기
② 과학책 가져다주기
③ 방과 후에 만나기
④ 학교에 전화하기
⑤ 학교 바래다주기

04
▶ 241036-0049

대화를 듣고, 남자아이가 찾고 있는 가방을 고르시오.

05
▶ 241036-0050

다음을 듣고, 민호가 좋아하는 일이 <u>아닌</u> 것을 고르시오.

① 보드게임 하기
② 역사책 읽기
③ 드론 날리기
④ 동물 돌보기
⑤ 자전거 타기

● MP3 파일을 잘 듣고, 다음 빈칸을 채워 보세요. 빈칸을 채운 뒤, 한 번 더 문제를 풀어 보세요.

01

다음을 듣고, 그림과 일치하는 단어를 고르시오.

①   ②   ③   ④

W: ① _____
  ② _____
  ③ _____
  ④ _____

02

다음을 듣고, 날씨를 물을 때 할 수 있는 말로 알맞은 것을 고르시오.

①   ②   ③   ④

M: ① How's the _____?
  ② Do you like _____ days?
  ③ How do you _____ today?
  ④ _____ much is the umbrella?

03

다음을 듣고, Laura가 싫어하는 운동을 고르시오.

① ②

③ ④

G: Hi, I'm Laura. In my free time, I play _____ with my _____. I like playing badminton and table tennis, too. But I don't like _____. I'm _____ of the water.

> '탁구'는 table tennis라고도 부르고 pingpong이라고도 부릅니다. 테니스가 인기였던 영국에서 그것을 테이블 위에 축소하여 만든 놀이를 table tennis라고 불렀고, 공이 튀는 소리를 따라 pingpong이라고 부른 것이랍니다.

04

다음을 듣고, 남자아이가 내일 할 일을 고르시오.

① 영화 보기
② 농구공 사기
③ TV 시청하기
④ 할머니 댁 가기

B: Today, I watched a _____ with my friend. _____ I'm going _____ with my mom. I'll _____ a basketball.

05

다음을 듣고, 여자가 설명하고 있는 것을 고르시오.

① 　　②

③ 　　④

W: This is a piece of _____. You rub it _____ on _____, and it takes away writing _____. What is it?

06

다음을 듣고, 자연스럽지 않은 대화를 고르시오.

①　　②　　③　　④

① W: Where are you, John?

　M: I'll go on a _____ tomorrow.

② W: What are you doing?

　M: I'm listening to _____.

③ W: How old is your brother?

　M: He's only _____ years old.

④ W: How many sisters do you have?

　M: I have just _____ sister.

07

대화를 듣고, 두 아이가 하기로 한 일을 고르시오.

① 독서하기
② 그림 그리기
③ 도서관 가기
④ 봉사 활동하기

G: Jake, what are you going to do this _____?

B: I don't have any _____ yet. How about you?

G: I'm going to go to the library. I have to _____ some books.

B: Oh, I have to return CDs. _____ go together.

G: Sounds great!

08

대화를 듣고, 여자가 사려고 하는 것을 고르시오.

M: Hi, how may I _____ you?

W: Hi, I'm looking for a _____ for my son.

M: Does he like animals? How about this one with a _____?

W: That's cute, but he'll like this cup with two _____ more.

　I'll take it.

09

대화를 듣고, 남자아이가 수영을 하러 갈 수 <u>없는</u> 이유를 고르시오.

① 감기에 걸려서
② 용돈이 부족해서
③ 숙제를 해야 해서
④ 할머니 댁에 가야 해서

10

대화를 듣고, 그림 속에서 보라의 강아지를 고르시오.

11

대화를 듣고, Kate가 방학에 한 일을 고르시오.

① 낚시하기
② 요리하기
③ 운동하기
④ 악기 배우기

12

다음을 듣고, Jason이 일요일마다 하는 일이 <u>아닌</u> 것을 고르시오.

① 반려견 산책시키기
② 친구와 숙제하기
③ 피아노 치기
④ 방 청소하기

[Cellphone rings.]

B: Hi, Sophie. I'm sorry but I cannot go _____ with you tomorrow.

G: That's okay. Is something wrong?

B: I have a terrible _____ . I'm coughing a lot. So, I need to _____ home.

G: Sorry to hear that. I hope you get _____ soon.

B: Bora, which one is your _____ ?

G: He's the _____ white puppy with the short tail.

B: Is he wearing a _____ ribbon?

G: No, he's wearing a blue ribbon with _____ .

B: I see him now. He's very cute.

M: Kate, what did you do during the _____ ?

G: I went _____ with my dad.

M: Wow, how was it?

G: It was _____ at first. But later, it was _____ . I caught two fish.

M: Sounds really fun!

vacation은 '방학'이나 '휴가'를 의미하는 미국식 영어입니다. 영국에서는 주로 그 대신에 holiday라는 표현을 써요. "I'm going on holiday next week." 이렇게 말한다면 대개는 영국 사람이겠죠?

W: Jason does many things on Sundays. He _____ his dog in the morning. In the afternoon, he plays the _____ for an hour. In the evening, he _____ his room and takes a _____ . Then he's ready for another good week.

13

다음을 듣고, 설명에 알맞은 직업을 고르시오.

① 화가　　　　② 요리사
③ 치과 의사　　④ 피아니스트

M: I take care of problems with people's _____. I _____ out loose teeth. I _____ people's teeth, too. You don't like coming to my office? Then _____ your teeth after your meals!

14

다음을 듣고, 그림의 상황에 알맞은 대화를 고르시오.

①　　②　　③　　④

① B: Can I take a _____ here?
　　W: Sorry, you cannot take pictures here.
② B: Can you get the _____ for me?
　　W: Sure. Wait a minute.
③ B: Where is the _____?
　　W: It's on Purple Street.
④ B: How many books can I borrow?
　　W: You can _____ up to five books.

15

대화를 듣고, 두 아이가 만나기로 한 요일을 고르시오.

① 월요일　　　② 화요일
③ 토요일　　　④ 일요일

B: Let's go see a _____ together.
G: Okay. When can you go?
B: _____ is fine with me.
G: Oh, I have to do my homework on Saturday. How about _____ morning?
B: That's also good. Let's _____ then.
G: All right. See you on Sunday!

16

대화를 듣고, Brian의 기분으로 알맞은 것을 고르시오.

① sad　　　　② bored
③ happy　　　④ excited

G: What's up, Brian?
B: I can't _____ my dog.
G: Oh, no! When did you last see her?
B: This _____. I was preparing to go out and she _____ ran out the door.
G: Well, I'll _____ you. Let's make a lost dog poster together.

17

대화를 듣고, 여자가 탈 기차를 고르시오.

목적지	출발 시간
① 부산	2:00 p.m.
② 부산	2:15 p.m.
③ 목포	2:15 p.m.
④ 목포	2:30 p.m.

W: Are there any _____ tickets to Busan for 2 p.m. left?

M: Sorry, they're sold out. But we have tickets for the 2:15 _____.

W: That works. _____ tickets, please.

M: Okay. Here you are. Have a nice _____!

18

대화를 듣고, Sam이 대화 후에 갈 장소를 고르시오.

① ice cream shop
② bookstore
③ bakery
④ school

[Cellphone rings.]

G: Sam, _____ are you?

B: I'm on Oak Street. I'm on my way _____.

G: Then could you _____ some ice cream, please?

B: Okay. I can _____ by the ice cream shop. What kind of ice cream do you want?

G: Strawberry, please. Thank you.

19

다음을 듣고, 질문에 이어질 응답으로 알맞은 것을 고르시오.

① I'll do the dishes right now.
② I cannot go with you. Sorry.
③ I do my homework after dinner.
④ I'll practice taekwondo tomorrow.

W: What are you going to do _____?

20

대화를 듣고, 마지막 질문에 이어질 응답으로 알맞은 것을 고르시오.

① I'll bring my new chessboard.
② You can come over to my house.
③ I don't like playing chess anymore.
④ I'd like to see you tomorrow night.

M: Would you play _____ with me this _____?

W: Yeah, I can meet you at 2 p.m.

M: That's _____ for me. Where shall we _____?

● MP3 파일을 잘 듣고, 다음 빈칸을 채워 보세요.

"A에는 B의 대답에 어울리는 질문이, B에는 A의 질문에 어울리는 대답이 들어갈 거예요. A와 B가 어떠한 대화를 나누게 될까요?"

01 A   Where are you?   당신은 어디에 있습니까?

       B   I'm on Pine Street.   저는 Pine Street에 있어요.

02 A   What are you doing?   당신은 무엇을 하고 있어요?

       B   _____   _____

03 A   _____   _____

       B   I have two sisters.   저는 여동생이 두 명 있어요.

04 A   Can I take a picture here?   여기에서 사진을 찍어도 되나요?

       B   _____   _____

05 A   _____   _____

       B   I went hiking with my mom.   나는 엄마와 등산을 갔어.

"한 번에 문장을 다 쓰긴 어려워요. 여러 번 들으면서 메모하며 천천히 적어도 좋아요. 문장이 완성되면, 우리말 뜻도 적어 보세요!"

06 _____ I'm _____ looking _____ for _____ my _____ puppy _____.

나는 나의 강아지를 찾고 있어요. _____

07 _____ ready _____ another _____.

_____

08 _____ walks _____ on _____.

_____

09 What _____ this _____?

_____

10 _____ do _____ on _____.

_____

● 주어진 우리말 의미에 맞게 영어로 말해 보세요.

A STEP1 우리말을 읽고 영어로 말해 봐요. 말한 뒤에는 네모 박스에 체크해요.

STEP2 주어진 단어들을 알맞게 배열하여 문장을 완성해요.

01 네 남동생은 몇 살이니? (is, old, brother, how, your)

STEP1 ☐

STEP2 _____

02 금요일 저녁은 어때요? (Friday, about, how, evening)

STEP1 ☐

STEP2 _____

03 Sue는 엄마와 수영을 하러 갔어요. (went, with, mom, Sue, swimming, her)

STEP1 ☐

STEP2 _____

B STEP1 우리말을 읽고 영어로 말해 봐요. 말한 뒤에는 네모 박스에 체크해요.

STEP2 주어진 단어들을 이용하여 문장을 완성해요.

04 나는 몇 권의 책을 반납해야 해요. (have to, return)

STEP1 ☐

STEP2 _____

05 그녀는 빨간 리본을 매고 있나요? (wear, ribbon)

STEP1 ☐

STEP2 _____

06 식사 후에 양치질을 하세요. (brush, meals)

STEP1 ☐

STEP2 _____

07 사과 파이는 얼마입니까? (much, pie)

STEP1 ☐

STEP2 _____

Listen & Speak Up 3

WARM UP

새로운 어휘들을 미리 공부해 볼까요?

| 정답과 해설 14쪽 |

A MP3 파일을 잘 듣고, 알맞은 번호 옆에 어휘의 철자와 뜻을 쓰세요.
뒷장으로 넘어가기 전, 한 번 더 들어보고 싶은 경우에는 네모 박스에 체크하세요.

01 ☐ **birthday**   생일   06 ☐ _____ _____

02 ☐ _____ _____   07 ☐ _____ _____

03 ☐ _____ _____   08 ☐ _____ _____

04 ☐ _____ _____   09 ☐ _____ _____

05 ☐ _____ _____   10 ☐ _____ _____

B 주어진 우리말 의미에 맞도록 빈칸을 채우세요.
위에서 학습한 어휘들을 이용해 보세요.

01 생일 파티   _____ party

02 꽃을 가져오다   _____ flowers

03 친구를 만나다   _____ a friend

04 거북이를 키우다   raise a _____

05 선물을 주다   give a _____

06 지난 토요일   last _____

07 나는 나의 고양이에게 먹이를 준다.   I _____ my cat.

08 그는 유명한 의사이다.   He is a _____ doctor.

09 나는 걱정스러웠다.   I was _____.

10 너는 언제 학교에 도착하니?   When do you _____ _____ school?

● MP3 파일을 잘 듣고, 물음에 답하세요.

01
241036-0051

다음을 듣고, 그림과 일치하는 단어를 고르시오.

①   ②   ③   ④

02
241036-0052

다음을 듣고, 사는 곳을 물을 때 할 수 있는 말로 알맞은 것을 고르시오.

①   ②   ③   ④

03
241036-0053

다음을 듣고, 여자아이가 가장 좋아하는 과일을 고르시오.

①    ②

③    ④

04
241036-0054

다음을 듣고, 진수에게 필요한 물건을 고르시오.

① 풀   ② 가위

③ 연필   ④ 스티커

05
241036-0055

다음을 듣고, 여자가 설명하고 있는 것을 고르시오.

①    ②

③   ④

06

241036-0056

다음을 듣고, 자연스럽지 않은 대화를 고르시오.

①   ②   ③   ④

07

241036-0057

대화를 듣고, 두 사람이 만나기로 한 장소를 고르시오.

① 놀이터   ② 지하철역
③ 콘서트장   ④ 버스 정류장

08

241036-0058

대화를 듣고, 남자아이가 사려고 하는 것을 고르시오.

09

241036-0059

대화를 듣고, Peter가 쇼핑몰에 가야 하는 이유를 고르시오.

① 가족 모임을 위해
② Jane을 만나기 위해
③ 생일 파티를 하기 위해
④ 아빠 생신 선물을 사기 위해

10

241036-0060

대화를 듣고, 그림 속에서 민호를 고르시오.

Listen & Speak Up 3

11

● 241036-0061

대화를 듣고, Sue가 토요일에 한 일을 고르시오.

① 피아노 치기
② TV 시청하기
③ 운동 경기 관람하기
④ 태권도 대회 참가하기

12

● 241036-0062

다음을 듣고, 태훈이가 아침마다 하는 일이 <u>아닌</u> 것을 고르시오.

① 운동하기
② 금붕어 먹이 주기
③ 방 청소하기
④ 여동생 바래다주기

13

● 241036-0063

다음을 듣고, 설명에 알맞은 직업을 고르시오.

① 기자   ② 간호사
③ 사진사   ④ 요리사

14

● 241036-0064

다음을 듣고, 그림의 상황에 알맞은 대화를 고르시오.

①   ②   ③   ④

15

● 241036-0065

대화를 듣고, 두 아이가 만나기로 한 시각을 고르시오.

① 1:00   ② 1:30
③ 2:00   ④ 2:30

16

▶ 241036-0066

대화를 듣고, 선호의 기분으로 알맞은 것을 고르시오.

① happy
② angry
③ excited
④ worried

17

▶ 241036-0067

대화를 듣고, 남자아이가 가려고 하는 곳을 지도에서 고르시오.

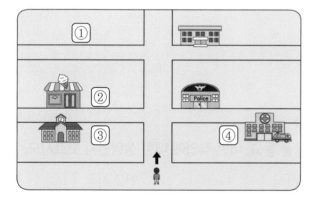

18

▶ 241036-0068

대화를 듣고, Jane이 이용할 교통수단을 고르시오.

① bus
② car
③ taxi
④ bike

19

▶ 241036-0069

다음을 듣고, 질문에 이어질 응답으로 알맞은 것을 고르시오.

① She's not cute.
② I have two sisters.
③ Her name is Kate.
④ She's six years old.

20

▶ 241036-0070

대화를 듣고, 마지막 질문에 이어질 응답으로 알맞은 것을 고르시오.

① I'm not hungry now.
② I'd like cheese gimbap.
③ I don't like gimbap at all.
④ I like egg sandwiches best.

 **실력 높여 보기**

| 정답과 해설 18쪽 |

● MP3 파일을 잘 듣고, 물음에 답하세요.

01
241036-0071

대화를 듣고, 두 사람이 함께하기로 한 일을 고르시오.

① 등산하기
② 요리하기
③ 물놀이하기
④ 공원 청소하기
⑤ 등 축제에 가기

02
241036-0072

대화를 듣고, 두 아이가 만나기로 한 장소를 고르시오.

① 공원   ② 도서관
③ 우체국   ④ 편의점
⑤ 자전거 가게

03
241036-0073

대화를 듣고, 호진이의 할머니가 아침마다 하는 일이 아닌 것을 고르시오.

① 날씨 확인하기
② 친구들과 운동하기
③ 식물 돌보기
④ 강아지 산책시키기
⑤ 차 마시기

04
241036-0074

대화를 듣고, 요리에 필요한 재료가 <u>아닌</u> 것을 고르시오.

05
241036-0075

다음을 듣고, 어떤 직업에 대한 설명인지 고르시오.

① 사서   ② 간호사
③ 경찰관   ④ 소방관
⑤ 요리사

| 정답과 해설 14쪽 |

● MP3 파일을 잘 듣고, 다음 빈칸을 채워 보세요. 빈칸을 채운 뒤, 한 번 더 문제를 풀어 보세요.

01

다음을 듣고, 그림과 일치하는 단어를 고르시오.

①   ②   ③   ④

W: ① _____
   ② _____
   ③ _____
   ④ _____

02

다음을 듣고, 사는 곳을 물을 때 할 수 있는 말로 알맞은 것을 고르시오.

①   ②   ③   ④

M: ① How _____ are you?
   ② When do you _____?
   ③ What's _____ name?
   ④ Where do you _____?

03

다음을 듣고, 여자아이가 가장 좋아하는 과일을 고르시오.

①   ②

③   ④

G: I love _____. My favorite fruit is _____. In the hot _____, watermelon _____ me down.

04

다음을 듣고, 진수에게 필요한 물건을 고르시오.

① 풀   ② 가위
③ 연필   ④ 스티커

M: Jinsu makes a birthday _____ for Mina. He draws a birthday _____ and candles. He colors the card with colored _____. Now he's going to _____ them. What does he need?

Listen & Speak Up 3

05

다음을 듣고, 여자가 설명하고 있는 것을 고르시오.

① ② ③ ④

06

다음을 듣고, 자연스럽지 <u>않은</u> 대화를 고르시오.

① ② ③ ④

07

대화를 듣고, 두 사람이 만나기로 한 장소를 고르시오.

① 놀이터   ② 지하철역
③ 콘서트장   ④ 버스 정류장

08

대화를 듣고, 남자아이가 사려고 하는 것을 고르시오.

W: In the morning, you put your _____ and pencil _____ in this. You then put it on your _____ and you go to _____. What is it?

① W: May I _____ you?
   M: Yes, please.
② W: What's your name?
   M: I have _____ sisters.
③ W: How are you doing?
   M: I'm doing _____. And you?
④ W: What _____ is it today?
   M: It's Wednesday.

M: Kelly, I have two _____ for the Seven Girls concert. Would you like to go with me?
W: I'd love to. Thanks!
M: _____ should we meet?
W: How about meeting at the bus _____? We have to take the _____ there.
M: Okay. That's perfect.

W: Hi, welcome to Secondhand Toys. Everything here is _____ dollar.
B: Great. I'd like this toy _____ for my sister.
W: It's very cute.
B: Sorry, I _____ my mind. I'll take this toy _____ instead. My sister loves rabbits.

09

대화를 듣고, Peter가 쇼핑몰에 가야 하는 이유를 고르시오.

① 가족 모임을 위해
② Jane을 만나기 위해
③ 생일 파티를 하기 위해
④ 아빠 생신 선물을 사기 위해

10

대화를 듣고, 그림 속에서 민호를 고르시오.

11

대화를 듣고, Sue가 토요일에 한 일을 고르시오.

① 피아노 치기
② TV 시청하기
③ 운동 경기 관람하기
④ 태권도 대회 참가하기

12

다음을 듣고, 태훈이가 아침마다 하는 일이 <u>아닌</u> 것을 고르시오.

① 운동하기
② 금붕어 먹이 주기
③ 방 청소하기
④ 여동생 바래다주기

G: Peter, do you have time to hang out?

B: I'm sorry, Jane. I have to go to the _____.

G: _____ are you going there?

B: My dad's birthday is _____ up. I'm going to buy a _____ for him.

G: Okay. I hope you find a nice present for your dad.

W: There are many boys on the _____. Which one is your _____, Minho?

M: He's over there. He's playing on the _____.

W: Is he wearing glasses?

M: No, he's not. He's wearing a _____.

W: I see him now. He looks happy.

'시소'는 영어로도 seesaw라고 합니다. 다른 표현으로 teeter-totter라고도 하는데, 주로 미국과 캐나다에서 쓰는 말이랍니다!

B: Sue, what did you do on _____?

G: I went to the _____ for my taekwondo competition.

B: A taekwondo competition?

G: Yes, I signed up for it a while ago. I _____ a _____.

B: Wow, congratulations!

W: Taehoon does a lot of things every morning. He _____ his goldfish. He _____ up his room. He also takes his younger _____ to her daycare _____.

Listen & Speak Up 3

13

다음을 듣고, 설명에 알맞은 직업을 고르시오.

① 기자　　　　　② 간호사
③ 사진사　　　　④ 요리사

M: I meet _____ people and _____ them. I write about them in the _____. I sometimes take _____ of them, too.

14

다음을 듣고, 그림의 상황에 알맞은 대화를 고르시오.

①　　②　　③　　④

① B: How much is the ice cream?
　 G: It's _____ dollars.
② B: Can you _____ ice cream?
　 G: No, I can't.
③ B: Here's your _____ cream.
　 G: Thank you!
④ B: What would you like?
　 G: One ice _____, please.

15

대화를 듣고, 두 아이가 만나기로 한 시각을 고르시오.

① 1:00　　　　② 1:30
③ 2:00　　　　④ 2:30

G: Let's _____ _____ after school.
B: Good idea! What time shall we _____?
G: How about at 2 o'clock?
B: Okay. Let's meet at the _____ at 2.
G: See you there!

16

대화를 듣고, 선호의 기분으로 알맞은 것을 고르시오.

① happy　　　　② angry
③ excited　　　④ worried

G: Sunho, what's up?
B: I'm worried. My dog isn't _____ at all.
G: Really? Is he _____?
B: I think so. I need to take him to an animal _____.
G: Good idea, but don't _____ too much. I'm sure he'll be fine.

17

대화를 듣고, 남자아이가 가려고 하는 곳을 지도에서 고르시오.

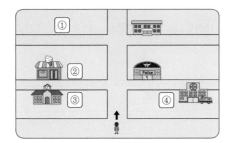

B: Excuse me. How can I get to the _____ _____?

W: Go straight one block and turn left. It'll be on your _____.

B: Go one block and turn left?

W: Yes. It'll be on your right. It's _____ to the ice cream shop.

B: I see. Thank you.

W: My pleasure.

18

대화를 듣고, Jane이 이용할 교통수단을 고르시오.

① bus   ② car
③ taxi   ④ bike

G: Tomorrow is _____ night! How would you get to the movie theater?

B: I'll ride my _____. It's only 5 minutes away.

G: Really? That's quite _____.

B: Yeah. How about you, Jane?

G: My mom will _____ me there.

'영화'를 뜻하는 말로 movie 외에 film도 있어요. movie는 주로 미국, film은 주로 영국에서 많이 쓰는 말이랍니다. 또한 '영화관'은 미국에서는 movie theater, 영국에서는 cinema라고 부른다고 하네요!

19

다음을 듣고, 질문에 이어질 응답으로 알맞은 것을 고르시오.

① She's not cute.
② I have two sisters.
③ Her name is Kate.
④ She's six years old.

W: How old is your _____ sister?

20

대화를 듣고, 마지막 질문에 이어질 응답으로 알맞은 것을 고르시오.

① I'm not hungry now.
② I'd like cheese gimbap.
③ I don't like gimbap at all.
④ I like egg sandwiches best.

M: What do you want for _____, Somin?

G: Dad, I _____ gimbap for lunch.

M: Okay. What _____ of gimbap would you _____?

● MP3 파일을 잘 듣고, 다음 빈칸을 채워 보세요.

> "A에는 B의 대답에 어울리는 질문이, B에는 A의 질문에 어울리는 대답이 들어갈 거예요. A와 B가 어떠한 대화를 나누게 될까요?"

01 A How are you doing?   당신은 어떻게 지내세요?

  B I'm doing great. And you?   저는 잘 지내요. 당신은요?

02 A What did you do on Saturday?   너는 토요일에 무엇을 했니?

  B _____   _____

03 A _____   _____

  B It's 3 dollars.   그것은 3달러입니다.

04 A What time shall we meet?   우리는 언제 만날까요?

  B _____   _____

05 A _____   _____

  B I want gimbap for lunch.   나는 점심으로 김밥을 원해.

"한 번에 문장을 다 쓰긴 어려워요. 여러 번 들으면서 메모하며 천천히 적어도 좋아요. 문장이 완성되면, 우리말 뜻도 적어 보세요!"

06 _____ He _____ feeds his _____ goldfish _____ .

그는 자신의 금붕어에게 먹이를 줍니다. _____

07 I'll take _____ .

_____

08 He _____ to _____ .

_____

09 My _____ is _____ .

_____

10 _____ sometimes _____ of _____ .

_____

SPEAK UP

● 주어진 우리말 의미에 맞게 영어로 말해 보세요.

A   **STEP1** 우리말을 읽고 영어로 말해 봐요. 말한 뒤에는 네모 박스에 체크해요.
  STEP2 주어진 단어들을 알맞게 배열하여 문장을 완성해요.

01 당신은 어디에 사세요? (live, do, where, you)

STEP1 ☐

STEP2 _____

02 너는 학교에 그 책을 가져온다. (school, to, bring, you, the, book)

STEP1 ☐

STEP2 _____

03 당신은 아이스크림을 만들 수 있나요? (cream, make, ice, can, you)

STEP1 ☐

STEP2 _____

B   **STEP1** 우리말을 읽고 영어로 말해 봐요. 말한 뒤에는 네모 박스에 체크해요.
  STEP2 주어진 단어들을 이용하여 문장을 완성해요.

04 그것은 당신의 왼쪽에 있을 것입니다. (will, on)

STEP1 ☐

STEP2 _____

05 당신의 친구의 이름은 무엇인가요? (friend, name)

STEP1 ☐

STEP2 _____

06 그는 노란 모자를 쓰고 있어요. (wear, cap)

STEP1 ☐

STEP2 _____

07 나의 엄마가 나를 그곳에 차로 태워다 주실 거예요. (mom, drive, there)

STEP1 ☐

STEP2 _____

Listen & Speak Up 4

새로운 어휘들을 미리 공부해 볼까요?

| 정답과 해설 20쪽 |

A MP3 파일을 잘 듣고, 알맞은 번호 옆에 어휘의 철자와 뜻을 쓰세요.
뒷장으로 넘어가기 전, 한 번 더 들어보고 싶은 경우에는 네모 박스에 체크하세요.

01 ☐   **paint**   (색을 칠해) 그리다   06 ☐

02 ☐   07 ☐

03 ☐   08 ☐

04 ☐   09 ☐

05 ☐   10 ☐

B 주어진 우리말 의미에 맞도록 빈칸을 채우세요.
위에서 학습한 어휘들을 이용해 보세요.

01 그림을 그리다   _____ a picture

02 부엌에서   in the _____

03 쿠키를 굽다   bake _____s

04 오후에   in the _____

05 붉은 스카프   a red _____

06 나는 나의 할머니를 방문한다.   I _____ my grandma.

07 고양이는 동물이다.   A cat is an _____.

08 목요일에 만나자.   Let's meet on _____.

09 나는 엄마와 시장에 간다.   I go to the _____ with my mom.

10 너는 갈 준비가 되었니?   Are you _____ to go?

● MP3 파일을 잘 듣고, 물음에 답하세요.

01
▶ 241036-0076

다음을 듣고, 그림과 일치하는 단어를 고르시오.

①   ②   ③   ④

02
▶ 241036-0077

다음을 듣고, 물건의 가격을 물을 때 할 수 있는 말로 알맞은 것을 고르시오.

①   ②   ③   ④

03
▶ 241036-0078

다음을 듣고, 여자아이가 가장 좋아하는 색깔을 고르시오.

04
▶ 241036-0079

다음을 듣고, 남자아이의 필통에 없는 것을 고르시오.

① 연필   ② 지우개
③ 고체형 풀   ④ 자

05
▶ 241036-0080

다음을 듣고, 여자가 설명하고 있는 것을 고르시오.

①    ②

③   ④

06 241036-0081

다음을 듣고, 자연스럽지 않은 대화를 고르시오.

①   ②   ③   ④

07 241036-0082

대화를 듣고, 두 사람이 하기로 한 일을 고르시오.

① 독서하기
② 음악 듣기
③ 쿠키 만들기
④ 선물 구입하기

08 241036-0083

대화를 듣고, 여자아이가 잃어버린 우산을 고르시오.

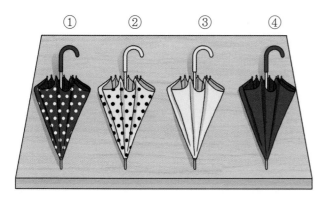

09 241036-0084

대화를 듣고, 남자아이가 오늘 수영하러 갈 수 없는 이유를 고르시오.

① 수영을 잘 못해서
② 주말농장에 가야 해서
③ 영어 숙제를 해야 해서
④ 다른 친구를 만나야 해서

10 241036-0085

대화를 듣고, 그림 속에서 여자아이의 동생을 고르시오.

Listen & Speak Up 4

11

▶ 241036-0086

대화를 듣고, Laura가 주말에 할 일을 고르시오.

① 노래 부르기
② 춤 연습하기
③ 축제 참가하기
④ 악기 연주하기

12

▶ 241036-0087

다음을 듣고, 승아가 겨울 방학마다 하는 일이 <u>아닌</u> 것을 고르시오.

① 스키 배우기
② 얼음낚시 하기
③ 스케이트 타기
④ 조부모님 댁 방문하기

13

▶ 241036-0088

다음을 듣고, 설명에 알맞은 나라를 고르시오.

① 미국　　　　② 인도
③ 중국　　　　④ 호주

14

▶ 241036-0089

다음을 듣고, 그림의 상황에 알맞은 대화를 고르시오.

①　　　②　　　③　　　④

15

▶ 241036-0090

대화를 듣고, 두 아이가 만나기로 한 요일을 고르시오.

① 화요일　　　　② 수요일
③ 목요일　　　　④ 금요일

16

241036-0091

대화를 듣고, Steve의 기분으로 알맞은 것을 고르시오.

① angry   ② happy
③ excited   ④ worried

17

241036-0092

대화를 듣고, 여자가 식당을 예약한 날짜를 달력에서 고르시오.

| \multicolumn{7}{c}{**MAY**} |
Sun	Mon	Tue	Wed	Thu	Fri	Sat
					1	2
3	4	5	① 6	② 7	③ 8	④ 9

18

241036-0093

대화를 듣고, 여자아이가 가고 있는 장소를 고르시오.

① bank   ② market
③ museum   ④ playground

19

241036-0094

다음을 듣고, 질문에 이어질 응답으로 알맞은 것을 고르시오.

① I go swimming every morning.
② I play baduk with my grandpa.
③ I went to bed early last week.
④ I went to an amusement park.

20

241036-0095

대화를 듣고, 마지막 질문에 이어질 응답으로 알맞은 것을 고르시오.

① I'm not ready.
② It's on the table.
③ I don't have a car.
④ We can take a bus.

Listen & Speak Up 4 **55**

● MP3 파일을 잘 듣고, 물음에 답하세요.

01
▶ 241036-0096

대화를 듣고, 두 아이가 사기로 한 물건을 고르시오.

① 모자　　　　② 장갑
③ 지갑　　　　④ 화장품
⑤ 수제 비누

02
▶ 241036-0097

대화를 듣고, 두 아이가 만나기로 한 시각을 고르시오.

① 1:00 p.m.　　② 2:00 p.m.
③ 3:00 p.m.　　④ 4:00 p.m.
⑤ 5:00 p.m.

03
▶ 241036-0098

다음을 듣고, Mr. Williams가 아침마다 하는 일이 아닌 것을 고르시오.

① 창문 열기
② 테이블 청소하기
③ 테이블에 꽃 장식하기
④ 커피 만들기
⑤ 케이크 만들기

04
▶ 241036-0099

대화를 듣고, 바구니 만들기에 필요한 물건이 아닌 것을 고르시오.

05
▶ 241036-0100

다음을 듣고, 여자의 직업은 무엇인지 고르시오.

① 농부　　　　② 의사
③ 경찰관　　　④ 소방관
⑤ 요리사

JUMP UP

● MP3 파일을 잘 듣고, 다음 빈칸을 채워 보세요. 빈칸을 채운 뒤, 한 번 더 문제를 풀어 보세요.

01

다음을 듣고, 그림과 일치하는 단어를 고르시오.

①   ②   ③   ④

W: ① _____
   ② _____
   ③ _____
   ④ _____

02

다음을 듣고, 물건의 가격을 물을 때 할 수 있는 말로 알맞은 것을 고르시오.

①   ②   ③   ④

M: ① Can I _____ it?
   ② How _____ is it?
   ③ What do you want to _____?
   ④ Do you _____ to buy it?

03

다음을 듣고, 여자아이가 가장 좋아하는 색깔을 고르시오.

G: I painted a _____. I used _____, yellow, green, and purple. I used _____ the most. It's my favorite _____.

04

다음을 듣고, 남자아이의 필통에 없는 것을 <u>고르</u>시오.

① 연필   ② 지우개
③ 고체형 풀   ④ 자

B: I have many things in my _____ _____.
I have five pencils, two _____, and a glue stick.
But I don't have a _____. I need one.

'지우개'는 영어로 eraser 혹은 rubber라고 합니다. eraser는 지운다는 기능에서 나온 말인데 미국에서 주로 쓰는 말이에요. 영국에서는 지우개를 그 재료인 고무를 의미하는 말인 rubber라고 부른답니다.

Listen & Speak Up 4

05

다음을 듣고, 여자가 설명하고 있는 것을 고르시오.

①   ②

③   ④

W: You wear this in the _____ . It _____ your clothes, so you can _____ _____ . After cooking, you take it off. What is it?

06

다음을 듣고, 자연스럽지 <u>않은</u> 대화를 고르시오.

①   ②   ③   ④

① W: Can you _____ ?
   M: No, I can't.
② W: Who is this _____ ?
   M: He's my brother.
③ W: Is this _____ book?
   M: Yes, it's mine.
④ W: Can I use your _____ ?
   M: Yes, I can use it.

07

대화를 듣고, 두 사람이 하기로 한 일을 고르시오.

① 독서하기
② 음악 듣기
③ 쿠키 만들기
④ 선물 구입하기

M: Tomorrow is Tina's _____ .
W: Yeah, let's make _____ for her.
M: What should we make?
W: How about some _____ ?
M: Great _____ ! She loves cookies.

08

대화를 듣고, 여자아이가 잃어버린 우산을 고르시오.

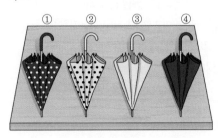

M: Hello. This is the lost and found. How _____ I help you?
G: Hi, I lost my _____ . It's blue.
M: Hmm.... Can you tell me _____ about it?
G: It has a dot _____ on it.
M: Oh, I think we have it. Here you are.

09

대화를 듣고, 남자아이가 오늘 수영하러 갈 수 없는 이유를 고르시오.

① 수영을 잘 못해서
② 주말농장에 가야 해서
③ 영어 숙제를 해야 해서
④ 다른 친구를 만나야 해서

G: Let's go _____ this afternoon.
B: I'm sorry, but I can't go.
G: That's okay, but _____?
B: I'm going to go to a _____ _____ with my family.
G: Sounds fun. Have a good time!

10

대화를 듣고, 그림 속에서 여자아이의 동생을 고르시오.

G: Jim, this is a picture of my _____ and his friends.
B: They all look _____. Which one is your brother?
G: He's right here. He has _____ brown hair.
B: I see. He's wearing a _____, right?
G: Yes, he is.

11

대화를 듣고, Laura가 주말에 할 일을 고르시오.

① 노래 부르기
② 춤 연습하기
③ 축제 참가하기
④ 악기 연주하기

B: Laura, do you have any plans for the _____?
G: Yes, I have _____ practice.
B: Do you like it?
G: Yes, but it's _____. I'm going to dance at the school festival next _____.
B: Wow, that's awesome!

12

다음을 듣고, 승아가 겨울 방학마다 하는 일이 아닌 것을 고르시오.

① 스키 배우기
② 얼음낚시 하기
③ 스케이트 타기
④ 조부모님 댁 방문하기

W: Seung-a does many things during the _____ vacation every year. She takes _____ lessons. She goes ice _____ with her dad. She also visits her _____ in Incheon.

13

다음을 듣고, 설명에 알맞은 나라를 고르시오.

① 미국   ② 인도
③ 중국   ④ 호주

M: This country is _____ for unique animals. Koalas and kangaroos are some of them. You can also see sharks in the _____ in summertime. This is an _____ country with beautiful _____.

14

다음을 듣고, 그림의 상황에 알맞은 대화를 고르시오.

①   ②   ③   ④

① W: Would you like to try on a _____ size?
   B: Yes, please.
② W: Do you like the color yellow?
   B: Yes, it's my _____ color.
③ W: Do you like your _____?
   B: Yes, I do. They are comfortable.
④ W: Do you need a bag for the _____?
   B: Yes. I need a small bag.

15

대화를 듣고, 두 아이가 만나기로 한 요일을 고르시오.

① 화요일   ② 수요일
③ 목요일   ④ 금요일

G: A new _____ opened last week. We can play table tennis there for _____.
B: Really? Let's play then.
G: Why not? How about Thursday or Friday?
B: Thursday _____ is great for me.
G: Perfect! See you _____.

> for free는 '공짜로, 비용을 내지 않고'의 의미이지요. 다른 말로, free of charge, at no cost 등의 표현을 써도 같은 뜻이 된답니다.

16

대화를 듣고, Steve의 기분으로 알맞은 것을 고르시오.

① angry   ② happy
③ excited   ④ worried

G: Steve, what's _____?
B: My dog _____ my comic book.
G: Oh, no. Your dog really _____ it up.
B: This is the second time. And it is my _____ book.
G: Oh, that's terrible.

17

대화를 듣고, 여자가 식당을 예약한 날짜를 달력에서 고르시오.

MAY						
Sun	Mon	Tue	Wed	Thu	Fri	Sat
					1	2
3	4	5	① 6	② 7	③ 8	④ 9

[Telephone rings.]

M: Happy Cook's Restaurant. How may I help you?

W: Hi. I'd like to _____ a reservation.

M: Okay. When would you like to come?

W: _____, May 8th at noon for _____ people. Do you have space?

M: Yes. Two people on _____ 8th at noon. You're all set.

18

대화를 듣고, 여자아이가 가고 있는 장소를 고르시오.

① bank   ② market
③ museum   ④ playground

G: Hi, how are you? Where are you going?

B: I'm good. I'm going to the _____. How about you?

G: I'm going to the _____. I'll buy some _____.

B: Okay. Nice seeing you!

G: See you at _____. Bye!

19

다음을 듣고, 질문에 이어질 응답으로 알맞은 것을 고르시오.

① I go swimming every morning.
② I play baduk with my grandpa.
③ I went to bed early last week.
④ I went to an amusement park.

W: What did you do _____?

20

대화를 듣고, 마지막 질문에 이어질 응답으로 알맞은 것을 고르시오.

① I'm not ready.
② It's on the table.
③ I don't have a car.
④ We can take a bus.

M: Becky, I'm _____ to go.

W: Okay, let's _____! Vacation, here we _____! Uh oh, _____ is the car key?

● MP3 파일을 잘 듣고, 다음 빈칸을 채워 보세요.

"A에는 B의 대답에 어울리는 질문이, B에는 A의 질문에 어울리는 대답이 들어갈 거예요. A와 B가 어떠한 대화를 나누게 될까요?"

01 A Is this your book?   이것은 당신의 책인가요?

   B Yes, it's mine.   네, 그것은 제 것이에요.

02 A Can you tell me more?   조금 더 말씀해 주실래요?

   B _____   _____

03 A _____   _____

   B Yes, I do. I love it.   네, 좋아해요. 저는 정말 그것이 좋아요.

04 A Do you have a plan for the weekend?   너는 주말에 계획이 있니?

   B _____   _____

05 A _____   _____

   B I'm going to the bank.   나는 은행에 가고 있어.

"한 번에 문장을 다 쓰긴 어려워요. 여러 번 들으면서 메모하며 천천히 적어도 좋아요. 문장이 완성되면, 우리말 뜻도 적어 보세요!"

06 How _____**many**_____ are _____**there**_____?

얼마나 많이 있나요?

07 The _____ is _____.

_____

08 _____ can see _____ in the _____ in _____.

_____

09 She'll _____ the _____.

_____

10 _____ have _____, an _____ and a glue.

_____

 **SPEAK UP**

| 정답과 해설 25쪽 |

● 주어진 우리말 의미에 맞게 영어로 말해 보세요.

A STEP1 우리말을 읽고 영어로 말해 봐요. 말한 뒤에는 네모 박스에 체크해요.
STEP2 주어진 단어들을 알맞게 배열하여 문장을 완성해요.

01 너의 오빠는 누구니? (is, who, your, brother)

STEP1 ☐

STEP2 _____

02 나는 자를 가지고 있지 않습니다. (don't, I, ruler, have, a)

STEP1 ☐

STEP2 _____

03 파란색은 내가 가장 좋아하는 색깔이에요. (is, blue, my, color, favorite)

STEP1 ☐

STEP2 _____

B STEP1 우리말을 읽고 영어로 말해 봐요. 말한 뒤에는 네모 박스에 체크해요.
STEP2 주어진 단어들을 이용하여 문장을 완성해요.

04 나는 갈 준비가 되었어요. (ready, go)

STEP1 ☐

STEP2 _____

05 나는 바나나 몇 개를 살 거예요. (buy, some)

STEP1 ☐

STEP2 _____

06 그녀를 위해 무엇인가를 만들자. (let's, something)

STEP1 ☐

STEP2 _____

07 내 가족은 주말농장에 갈 예정입니다. (going, weekend)

STEP1 ☐

STEP2 _____

Listen & Speak Up 5

새로운 어휘들을 미리 공부해 볼까요?

| 정답과 해설 26쪽 |

A MP3 파일을 잘 듣고, 알맞은 번호 옆에 어휘의 철자와 뜻을 쓰세요.
뒷장으로 넘어가기 전, 한 번 더 들어보고 싶은 경우에는 네모 박스에 체크하세요.

01 ☐ **snowy**   눈이 내리는   06 ☐ _____ _____

02 ☐ _____ _____   07 ☐ _____ _____

03 ☐ _____ _____   08 ☐ _____ _____

04 ☐ _____ _____   09 ☐ _____ _____

05 ☐ _____ _____   10 ☐ _____ _____

B 주어진 우리말 의미에 맞도록 빈칸을 채우세요.
위에서 학습한 어휘들을 이용해 보세요.

01 눈이 내리는 날   a _____ day

02 정원에서   in the _____

03 내가 가장 좋아하는 계절   my favorite _____

04 갈색곰   a _____ bear

05 두 번째 줄에   in the second _____

06 나는 일기를 쓴다.   I keep a _____ .

07 나는 나의 햄스터를 돌본다.   I _____ _____ _____ my hamster.

08 그는 아팠다.   He was _____ .

09 도서관은 우체국의 건너편에 있다. The library is _____ _____ the post office.

10 헬멧을 쓰세요.   Please wear a _____ .

● MP3 파일을 잘 듣고, 물음에 답하세요.

01
▶ 241036-0101

다음을 듣고, 그림과 일치하는 단어를 고르시오.

①   ②   ③   ④

02
▶ 241036-0102

다음을 듣고, 지금 하고 있는 일을 물을 때 할 수 있는 말로 알맞은 것을 고르시오.

①   ②   ③   ④

03
▶ 241036-0103

다음을 듣고, 여자아이가 매일 아침에 하는 운동을 고르시오.

①    ②

③    ④

04
▶ 241036-0104

다음을 듣고, 남자아이가 금요일마다 하는 일을 고르시오.

① 요리하기
② 정원 돌보기
③ 태권도 하기
④ 도서관 가기

05
▶ 241036-0105

다음을 듣고, 여자가 설명하고 있는 것을 고르시오.

①    ②

③    ④

06
241036-0106

다음을 듣고, 자연스럽지 <u>않은</u> 대화를 고르시오.

①   ②   ③   ④

07
241036-0107

대화를 듣고, 두 아이가 만나기로 한 장소를 고르시오.

① 공원   ② 식당
③ 과학실   ④ 도서관

08
241036-0108

대화를 듣고, Ross가 고른 장화를 고르시오.

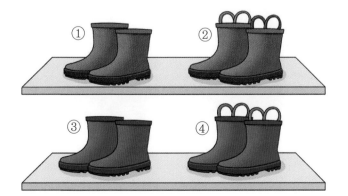

09
241036-0109

대화를 듣고, Sue가 Harry에게 화가 난 이유를 고르시오.

① 빌린 물건을 잃어버려서
② 동아리 모임 시간에 늦어서
③ 방과 후에 기다려 주지 않아서
④ 맛있는 간식을 나눠 주지 않아서

10
241036-0110

대화를 듣고, 그림 속에서 Kelly의 어머니를 고르시오.

11

241036-0111

대화를 듣고, 여자아이가 여름 방학에 한 일을 고르시오.

① 책 읽기
② 수영장 가기
③ 자전거 타기
④ 콘서트 가기

12

241036-0112

다음을 듣고, 지우가 저녁마다 하는 일이 <u>아닌</u> 것을 고르시오.

① 숙제하기
② TV 시청하기
③ 일기 쓰기
④ 샤워하기

13

241036-0113

다음을 듣고, 설명에 알맞은 직업을 고르시오.

① 약사   ② 사육사
③ 선생님   ④ 수의사

14

241036-0114

다음을 듣고, 그림의 상황에 알맞은 대화를 고르시오.

①   ②   ③   ④

15

241036-0115

대화를 듣고, 두 아이가 만나기로 한 요일을 고르시오.

① 월요일   ② 수요일
③ 금요일   ④ 일요일

16
241036-0116

대화를 듣고, 예서의 기분으로 알맞은 것을 고르시오.

① sad   ② angry
③ happy   ④ excited

17
241036-0117

대화를 듣고, 남자아이가 가려고 하는 곳을 지도에서 고르시오.

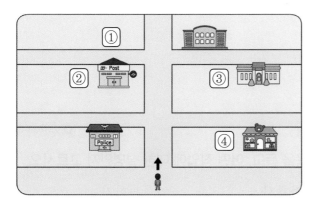

18
241036-0118

대화를 듣고, 남자아이가 살 물건을 고르시오.

① shoes   ② bike
③ lock   ④ helmet

19
241036-0119

다음을 듣고, 질문에 이어질 응답으로 알맞은 것을 고르시오.

① I wake up at 7 in the morning.
② I usually go to school by bicycle.
③ I play basketball with my friends.
④ I don't have school on Saturdays.

20
241036-0120

대화를 듣고, 마지막 질문에 이어질 응답으로 알맞은 것을 고르시오.

① It's on the bookshelf.
② My alarm clock is white.
③ I have a new alarm clock.
④ You should set an alarm for 7.

● MP3 파일을 잘 듣고, 물음에 답하세요.

01 ▶ 241036-0121

대화를 듣고, 두 사람이 사기로 한 물건을 고르시오.

① 가방　　　　　② 침낭
③ 텐트　　　　　④ 손전등
⑤ 휴대폰 케이스

02 ▶ 241036-0122

대화를 듣고, 여자아이가 지불해야 할 금액을 고르시오.

① $10　　　　　② $20
③ $30　　　　　④ $40
⑤ $50

03 ▶ 241036-0123

대화를 듣고, 두 아이가 만나기로 한 장소를 고르시오.

① 서점　　　　　② 영화관
③ 우체국　　　　④ 음식점
⑤ 지하철역

04 ▶ 241036-0124

대화를 듣고, 두 아이에게 필요한 물건이 <u>아닌</u> 것을 고르시오.

05 ▶ 241036-0125

다음을 듣고, 어떤 직업에 대한 설명인지 고르시오.

① 간호사　　　　② 과학자
③ 영화배우　　　④ 축구 선수
⑤ 뉴스 진행자

● MP3 파일을 잘 듣고, 다음 빈칸을 채워 보세요. 빈칸을 채운 뒤, 한 번 더 문제를 풀어 보세요.

01

다음을 듣고, 그림과 일치하는 단어를 고르시오.

①   ②   ③   ④

W: ① _____

   ② _____

   ③ _____

   ④ _____

02

다음을 듣고, 지금 하고 있는 일을 물을 때 할 수 있는 말로 알맞은 것을 고르시오.

①   ②   ③   ④

M: ① What _____ you do?

   ② What's the _____?

   ③ What are you _____?

   ④ Where are you _____?

03

다음을 듣고, 여자아이가 매일 아침에 하는 운동을 고르시오.

①   ②

③   ④

G: Every _____, I go out and _____ rope. I do 100 jump ropes a _____. It's good for my _____.

04

다음을 듣고, 남자아이가 금요일마다 하는 일을 고르시오.

① 요리하기

② 정원 돌보기

③ 태권도 하기

④ 도서관 가기

B: I _____ care of my garden on Fridays. I water the _____ in the _____. I _____ the dead leaves from the garden, too.

05

다음을 듣고, 여자가 설명하고 있는 것을 고르시오.

①
②
③
④

W: In this _____, the weather gets cooler. The trees turn _____ and _____. There are a lot of fresh _____, too.

06

다음을 듣고, 자연스럽지 <u>않은</u> 대화를 고르시오.

①   ②   ③   ④

① W: Is this your _____?
   M: No, it's my sister's bag.
② W: Where are you going?
   M: I don't go to school by _____.
③ W: Let's go _____ together.
   M: Sounds great!
④ W: What will you do tomorrow?
   M: I'll do my _____.

07

대화를 듣고, 두 아이가 만나기로 한 장소를 고르시오.

① 공원   ② 식당
③ 과학실   ④ 도서관

B: Sara, let's do the _____ homework together.
G: That's a good _____.
B: How about meeting at the _____?
G: Okay. Let's meet there after _____.

08

대화를 듣고, Ross가 고른 장화를 고르시오.

W: Ross, you need _____ _____. Which do you like better?
B: Mom, I like the brown ones.
W: Aren't they too dark? How about these _____ ones?
B: They're also good. I like the handles on the blue ones. I'd like _____.
W: Okay.

rain boots는 미국식 영어로 '장화'를 의미합니다. 장화를 의미하는 말로 영국에서는 Wellington boots라는 표현을 씁니다. 장화를 신었던 웰링턴 장군의 이름을 따서 쓰는 말로, 줄여서 Wellie라고도 부른다네요.

09

대화를 듣고, Sue가 Harry에게 화가 난 이유를 고르시오.

① 빌린 물건을 잃어버려서
② 동아리 모임 시간에 늦어서
③ 방과 후에 기다려 주지 않아서
④ 맛있는 간식을 나눠 주지 않아서

W: Harry, you look down. What's_____?

B: Sue is _____ at me.

W: Why is she angry at you?

B: I was late for the club meeting. But I was _____.

W: Hmm.... You should be on _____ next time.

10

대화를 듣고, 그림 속에서 Kelly의 어머니를 고르시오.

B: Kelly, I love this _____ photo. Who's your _____?

G: She's standing in the front _____.

B: Is she wearing glasses?

G: Yes, she's wearing them.

B: Oh, I see. _____ she is.

11

대화를 듣고, 여자아이가 여름 방학에 한 일을 고르시오.

① 책 읽기
② 수영장 가기
③ 자전거 타기
④ 콘서트 가기

B: What did you do during the _____ vacation?

G: I rode my _____ a lot.

B: Did you go riding every day?

G: Yes, I rode along the _____ every morning.

B: Sounds really _____!

'자전거'를 bike 혹은 bicycle이라고 하죠. 하지만 둘은 차이가 있답니다. bike는 바퀴가 두 개 달린 탈것을 말해서 오토바이(motorcycle)를 뜻하기도 해요. 반면 bicycle은 페달을 밟아 움직이는 자전거만을 뜻하죠!

12

다음을 듣고, 지우가 저녁마다 하는 일이 <u>아닌</u> 것을 고르시오.

① 숙제하기
② TV 시청하기
③ 일기 쓰기
④ 샤워하기

W: Jiwoo is busy every _____. He does his _____ and he writes in his _____. Then he takes a _____ and goes to bed.

13

다음을 듣고, 설명에 알맞은 직업을 고르시오.

① 약사　　　　　② 사육사
③ 선생님　　　　④ 수의사

M: I take care of _____ animals. I check their _____ and give them _____. Sometimes, I give shots to the _____. Can you guess my job?

14

다음을 듣고, 그림의 상황에 알맞은 대화를 고르시오.

①　　　②　　　③　　　④

① B: How _____ is it?
　 W: It's three meters long.
② B: Can I help you?
　 W: Yes, _____.
③ B: _____ do you live?
　 W: I live in Seoul.
④ B: _____ is your birthday?
　 W: It's August 24th.

15

대화를 듣고, 두 아이가 만나기로 한 요일을 고르시오.

① 월요일　　　　② 수요일
③ 금요일　　　　④ 일요일

G: Do you have plans for the weekend?
B: Not yet. _____?
G: I have tickets for an African _____ concert at Art House this _____. Would you like to go with me?
B: Sounds _____. I'd love to go!
G: Let's meet on Sunday, then.

16

대화를 듣고, 예서의 기분으로 알맞은 것을 고르시오.

① sad　　　　　② angry
③ happy　　　　④ excited

B: Yeseo, _____ are you?
G: I'm not happy today.
B: What's the _____?
G: My _____ is sick. I _____ this morning.
B: I'm sorry to hear that.

17

대화를 듣고, 남자아이가 가려고 하는 곳을 지도에서 고르시오.

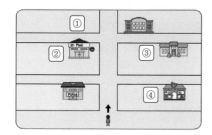

B: Excuse me. How can I _____ to Children's Park?

W: Go straight _____ blocks and turn left.

B: Turn left?

W: Yes. It'll be on your _____. It's _____ from the post office.

B: Thank you so much.

18

대화를 듣고, 남자아이가 살 물건을 고르시오.

① shoes   ② bike

③ lock   ④ helmet

G: Your skateboard looks _____.

B: Thank you. My _____ bought it for me.

G: That's nice. Do you have a _____?

B: Not yet. I have to buy one.

G: Yeah, you should wear a helmet for _____.

19

다음을 듣고, 질문에 이어질 응답으로 알맞은 것을 고르시오.

① I wake up at 7 in the morning.

② I usually go to school by bicycle.

③ I play basketball with my friends.

④ I don't have school on Saturdays.

W: What do you _____ do after school?

20

대화를 듣고, 마지막 질문에 이어질 응답으로 알맞은 것을 고르시오.

① It's on the bookshelf.

② My alarm clock is white.

③ I have a new alarm clock.

④ You should set an alarm for 7.

M: Amy, it's 10:30 p.m. _____ to go to _____.

G: Okay, Dad. Can you bring my _____ clock to me?

M: Where's your alarm _____?

● MP3 파일을 잘 듣고, 다음 빈칸을 채워 보세요.

"A에는 B의 대답에 어울리는 질문이, B에는 A의 질문에 어울리는 대답이 들어갈 거예요. A와 B가 어떠한 대화를 나누게 될까요?"

01 A ___Is this your bag?___   이것은 당신의 가방인가요?

     B No, it's my sister's bag.   아니요, 그것은 제 여동생의 가방입니다.

02 A How about these blue rain boots?   이 파란 장화는 어떠세요?

     B _____   _____

03 A _____   _____

     B I live in Busan.   저는 부산에 살아요.

04 A How can I get to the Children's Park?   어린이 공원에 어떻게 가나요?

     B _____   _____

05 A _____   _____

     B I rode my bike.   나는 자전거를 탔어.

06 I _____**water**_____ the _____**plants**_____ in the _____**garden**_____ .

나는 정원에 있는 식물들에 물을 줍니다.

07 The _____ turn _____ and _____ .

_____

08 Sometimes, I _____ to the _____ .

_____

09 Do _____ have _____ for the _____ ?

_____

10 _____ should _____ a _____ for safety.

_____

● 주어진 우리말 의미에 맞게 영어로 말해 보세요.

A STEP1 우리말을 읽고 영어로 말해 봐요. 말한 뒤에는 네모 박스에 체크해요.
STEP2 주어진 단어들을 알맞게 배열하여 문장을 완성해요.

01 나는 강을 따라서 달리기를 했어요. (ran, the, river, I, along)

STEP1 ☐

STEP2 _____

02 너는 제시간에 와야 한다. (be, on, time, you, should)

STEP1 ☐

STEP2 _____

03 날씨가 더 따뜻해진다. (warmer, gets, the, weather)

STEP1 ☐

STEP2 _____

B STEP1 우리말을 읽고 영어로 말해 봐요. 말한 뒤에는 네모 박스에 체크해요.
STEP2 주어진 단어들을 이용하여 문장을 완성해요.

04 그것은 학교 옆에 있어요. (next to, school)

STEP1 ☐

STEP2 _____

05 함께 쇼핑하러 가자. (let's, together)

STEP1 ☐

STEP2 _____

06 나는 일요일 영화표들이 있어요. (tickets, for)

STEP1 ☐

STEP2 _____

07 너는 나의 알람 시계를 나에게 가져다줄 수 있니? (bring, alarm clock)

STEP1 ☐

STEP2 _____

Listen & Speak Up 6

새로운 어휘들을 미리 공부해 볼까요?

| 정답과 해설 32쪽 |

A   MP3 파일을 잘 듣고, 알맞은 번호 옆에 어휘의 철자와 뜻을 쓰세요.
뒷장으로 넘어가기 전, 한 번 더 들어보고 싶은 경우에는 네모 박스에 체크하세요.

01 ☐   **hungry**   배고픈   06 ☐ _____ _____

02 ☐ _____ _____   07 ☐ _____ _____

03 ☐ _____ _____   08 ☐ _____ _____

04 ☐ _____ _____   09 ☐ _____ _____

05 ☐ _____ _____   10 ☐ _____ _____

B   주어진 우리말 의미에 맞도록 빈칸을 채우세요.
위에서 학습한 어휘들을 이용해 보세요.

01   몹시 배고픈   very _____

02   나의 가장 좋아하는 취미   my _____ hobby

03   멀리 날다   _____ far

04   자전거를 팔다   _____ the bicycle

05   노란 가방   a yellow _____

06   과학 박물관   the science _____

07   너는 휴대폰에 앱이 많구나!   You have many apps on your _____ _____!

08   나는 불꽃놀이 축제에 갈 거야.   I'm going to the _____ festival.

09   우리 6시 30분에 만날 수 있을까?   Can we _____ at 6:30?

10   그것들은 소파 아래에 있었어.   They were _____ the sofa.

 LISTEN UP **듣기평가 모의고사 6**

● MP3 파일을 잘 듣고, 물음에 답하세요.

01
▶ 241036-0126

다음을 듣고, 그림과 일치하는 단어를 고르시오.

①   ②   ③   ④

02
▶ 241036-0127

다음을 듣고, 요일을 물을 때 할 수 있는 말로 알맞은 것을 고르시오.

①   ②   ③   ④

03
▶ 241036-0128

다음을 듣고, 남자아이가 가장 좋아하는 취미를 고르시오.

①    ②

③    ④

04
▶ 241036-0129

다음을 듣고, 여자아이가 하고 있는 것을 고르시오.

① 연날리기
② 자전거 타기
③ 드론 조종하기
④ 종이비행기 만들기

05
▶ 241036-0130

다음을 듣고, 남자가 설명하고 있는 것을 고르시오.

①    ②

③    ④

80 초등 영어듣기평가 완벽대비 4-2

06
241036-0131

다음을 듣고, 자연스럽지 <u>않은</u> 대화를 고르시오.

①   ②   ③   ④

07
241036-0132

대화를 듣고, 두 사람이 팔기로 한 것을 고르시오.

① 자전거   ② 킥보드
③ 롤러스케이트   ④ 스케이트보드

08
241036-0133

대화를 듣고, Tom이 잃어버린 것을 고르시오.

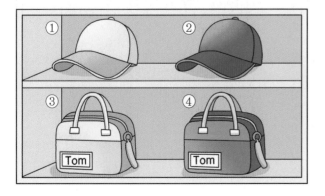

09
241036-0134

대화를 듣고, Emily가 과학관에 가지 <u>않는</u> 이유를 고르시오.

① 가족 모임이 있어서
② 지난 주말에 다녀와서
③ 과학에 흥미가 없어서
④ 전시회 주제가 지루해서

10
241036-0135

대화를 듣고, 그림 속에서 여자아이가 가장 많이 사용하는 앱을 고르시오.

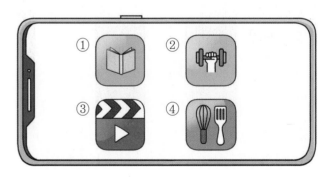

11
▶ 241036-0136

대화를 듣고, Andrew가 내일 할 일을 고르시오.

① 영화 감상하기
② 바닷가 놀러 가기
③ 부모님 선물 사기
④ 불꽃놀이 축제 가기

12
▶ 241036-0137

다음을 듣고, Dan이 매주 토요일마다 하는 일이 <u>아닌</u> 것을 고르시오.

① 등산 가기
② 농구하기
③ 영화 보기
④ 방 청소하기

13
▶ 241036-0138

다음을 듣고, 설명에 알맞은 물건을 고르시오.

① 시계   ② 달력
③ 키보드   ④ 휴대 전화

14
▶ 241036-0139

다음을 듣고, 그림의 상황에 알맞은 대화를 고르시오.

①   ②   ③   ④

15
▶ 241036-0140

대화를 듣고, 두 아이가 만나기로 한 시각을 고르시오.

① 6:00   ② 6:30
③ 7:00   ④ 7:30

16

▶ 241036-0141

대화를 듣고, Lucy의 기분으로 알맞은 것을 고르시오.

① angry
② scared
③ excited
④ disappointed

17

▶ 241036-0142

대화를 듣고, 두 사람이 찾고 있는 헤드폰의 위치로 알맞은 것을 고르시오.

18

▶ 241036-0143

대화를 듣고, 남자가 살 물건을 고르시오.

① jacket
② robot car
③ board game
④ science book

19

▶ 241036-0144

다음을 듣고, 질문에 이어질 응답으로 알맞은 것을 고르시오.

① No, he's wearing glasses.
② Yes, go ahead and open it.
③ I didn't break the window.
④ Oh, I'm from Paris, France.

20

▶ 241036-0145

대화를 듣고, 마지막 질문에 이어질 응답으로 알맞은 것을 고르시오.

① How about the new restaurant downtown?
② Yes! I'm ready to order some food right now.
③ Actually, I'm busy doing my work these days.
④ Why don't we meet at 3 o'clock this afternoon?

● MP3 파일을 잘 듣고, 물음에 답하세요.

01
▶ 241036-0146

다음을 듣고, 남자아이가 오디션에 대해 언급하지 <u>않은</u> 것을 고르시오.

① 목적　　　　② 준비물
③ 참가 자격　　④ 개최 요일
⑤ 신청 방법

02
▶ 241036-0147

대화를 듣고, 두 아이가 대화하는 장소를 고르시오.

① 운동장　　　② 전망대
③ 케이블카　　④ 유람선
⑤ 엘리베이터

03
▶ 241036-0148

다음 상황 설명을 듣고, Sam이 Linh에게 할 말로 알맞은 것을 고르시오.

Sam: Linh, _____

① why do you like Korean culture?
② what's your favorite summer food?
③ we don't have to worry about that.
④ I can finish the report by tomorrow.
⑤ can you help me with my homework?

04
▶ 241036-0149

대화를 듣고, Claire가 아빠를 위해 할 일을 고르시오.

① 책 대출하기
② 책 반납하기
③ 도서 구입하기
④ 인터넷 검색하기
⑤ 도서관 자리 잡기

05
▶ 241036-0150

대화를 듣고, 마지막 말에 이어질 응답으로 알맞은 것을 고르시오.

① You should work out for your health.
② Sure. I will call you back later tonight.
③ I agree with you. I'll come home earlier.
④ Okay, but this needs to be the last time.
⑤ Thank you for giving me another chance.

| 정답과 해설 32쪽 |

● MP3 파일을 잘 듣고, 다음 빈칸을 채워 보세요. 빈칸을 채운 뒤, 한 번 더 문제를 풀어 보세요.

01

다음을 듣고, 그림과 일치하는 단어를 고르시오.

① ② ③ ④

W: ① _____

② _____

③ _____

④ _____

02

다음을 듣고, 요일을 물을 때 할 수 있는 말로 알맞은 것을 고르시오.

① ② ③ ④

M: ① _____ are you?

② What _____ is it?

③ Do you like _____?

④ _____ are you now?

03

다음을 듣고, 남자아이가 가장 좋아하는 취미를 고르시오.

① ② ③ ④

B: My _____ _____ is reading books. I _____ many new things from _____.

04

다음을 듣고, 여자아이가 하고 있는 것을 고르시오.

① 연날리기

② 자전거 타기

③ 드론 조종하기

④ 종이비행기 만들기

G: I'm _____ a _____ airplane now. It's _____. I hope my paper airplane can _____ far.

05

다음을 듣고, 남자가 설명하고 있는 것을 고르시오.

①   ②

③   ④

M: This is a _____ Korean _____. It's usually made with green _____ and vegetables. People like to eat it with soy _____.

06

다음을 듣고, 자연스럽지 않은 대화를 고르시오.

①   ②   ③   ④

① W: How much does it _____?

  M: It's not my fault.

② W: Why don't we take a taxi?

  M: That's a _____ idea.

③ W: When does the train _____?

  M: It leaves at two o'clock.

④ W: Where did you go last weekend?

  M: I _____ Jejudo.

07

대화를 듣고, 두 사람이 팔기로 한 것을 고르시오.

① 자전거   ② 킥보드

③ 롤러스케이트   ④ 스케이트보드

M: Lisa, do you use this _____?

G: Not really. Why?

M: Why don't we sell it to _____ in need?

G: Hmm.... Maybe after the _____.

M: Come on, you don't ride it anymore.

G: Alright, let's _____ it.

> "Come on!"이라는 표현은 다양한 의미로 사용될 수 있답니다. 맥락이나 상황에 따라서 "왜 이래!", "기운 내!", "어서!", "자!", "어디 한번 해 봐!" 등 여러 가지 의미로 사용될 수 있으니 다양한 의미를 같이 잘 기억해 두세요!

08

대화를 듣고, Tom이 잃어버린 것을 고르시오.

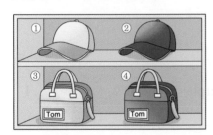

B: Mom, you know I _____ my bag yesterday, right?

W: Yes, Tom. You lost it on the subway.

B: Right. But I found it.

W: Really? Where?

B: I _____ the lost and found. They _____ a yellow bag with my name on it.

W: That's great news! I'm so _____ you found it.

09

대화를 듣고, Emily가 과학관에 가지 않는 이유를 고르시오.

① 가족 모임이 있어서
② 지난 주말에 다녀와서
③ 과학에 흥미가 없어서
④ 전시회 주제가 지루해서

10

대화를 듣고, 그림 속에서 여자아이가 가장 많이 사용하는 앱을 고르시오.

11

대화를 듣고, Andrew가 내일 할 일을 고르시오.

① 영화 감상하기
② 바닷가 놀러 가기
③ 부모님 선물 사기
④ 불꽃놀이 축제 가기

12

다음을 듣고, Dan이 매주 토요일마다 하는 일이 아닌 것을 고르시오.

① 등산 가기
② 농구하기
③ 영화 보기
④ 방 청소하기

B: Emily, what are you going to do _____?

G: Nothing special. How about you?

B: I'm going to the _____ museum. Will you join me?

G: Sorry, I went _____ last weekend.

B: Oh, it's okay. How was it?

G: It was _____ fun.

B: Wow! You have _____ apps on your cell phone.

G: Yes, they're all _____.

B: Which app is your favorite?

G: I like this _____ app a lot!

B: I knew it! You really enjoy reading.

G: Right. I read many _____ with this app.

G: I'm going to see a movie tomorrow _____. Will you join me, Andrew?

B: I'd _____ to, but I have plans.

G: Oh, what are you doing?

B: I'm going to the _____ festival with my parents.

G: Oh nice! It's always very beautiful.

B: Yeah, I'm really _____.

M: Dan likes Saturdays _____ he can do many things. He goes _____ in the morning. He plays basketball with his _____ in the afternoon. He also cleans his _____ in the evening.

13

다음을 듣고, 설명에 알맞은 물건을 고르시오.

① 시계　　　　　② 달력
③ 키보드　　　　④ 휴대 전화

W: I have two hands, a _____ one and a long one. The short _____ tells the hour. The long hand tells the _____. I love to tick-tock all day _____!

14

다음을 듣고, 그림의 상황에 알맞은 대화를 고르시오.

① ② ③ ④

① G: You'd _____ not run here.
　B: Oh, I'm sorry. I didn't know that.
② G: Please say hello to your _____.
　B: Okay, I will.
③ G: What do you want to _____ for dinner?
　B: I'd like to have spaghetti.
④ G: Let's make some _____ faces for our sticker photos.
　B: Okay! This is so fun!

15

대화를 듣고, 두 아이가 만나기로 한 시각을 고르시오.

① 6:00　　　　　② 6:30
③ 7:00　　　　　④ 7:30

G: What time _____ we meet before the musical?
B: How about 6 p.m.? The _____ starts at 7 p.m.
G: That's too early. Can we meet at 6:30?
B: Sure, 6:30 _____ for me.
G: Okay, let's meet at the _____ of the theater.
B: All right.

미국에서는 '극장'을 의미할 때 theater라는 단어를 주로 사용하는 반면 영국에서는 cinema라는 단어를 사용해요. 또한 영국에서는 theater를 사용할 때도 theatre와 같이 미국과는 다른 철자로 표기한답니다.

16

대화를 듣고, Lucy의 기분으로 알맞은 것을 고르시오.

① angry　　　　　② scared
③ excited　　　　④ disappointed

B: Lucy, how's it going?
G: Great! I just got _____ for my favorite band's concert!
B: That's _____. I'm so _____ for you.
G: Thanks. I can't wait to go.
B: You'll have a _____ time!
G: Of course.

17

대화를 듣고, 두 사람이 찾고 있는 헤드폰의 위치로 알맞은 것을 고르시오.

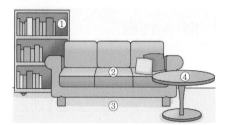

18

대화를 듣고, 남자가 살 물건을 고르시오.

① jacket
② robot car
③ board game
④ science book

19

다음을 듣고, 질문에 이어질 응답으로 알맞은 것을 고르시오.

① No, he's wearing glasses.
② Yes, go ahead and open it.
③ I didn't break the window.
④ Oh, I'm from Paris, France.

20

대화를 듣고, 마지막 질문에 이어질 응답으로 알맞은 것을 고르시오.

① How about the new restaurant downtown?
② Yes! I'm ready to order some food right now.
③ Actually, I'm busy doing my work these days.
④ Why don't we meet at 3 o'clock this afternoon?

B: Mom, did you see my _____?

W: No, where did you put them?

B: I think I put them on the _____. But they aren't there.

W: Did you look _____ the table, too?

B: Yeah, but I can't find them.

W: Let me see. Oh, I found them. They were _____ the sofa.

W: Can I help you?

M: Yes, please. I'm _____ for a present for my son.

W: Do you have _____ in mind?

M: He likes cars.

W: How about this _____ car? It can change from a robot into a car.

M: Oh, I _____ he'll love it. I'll take it.

W: _____ I _____ the window?

M: Amy, where should we go for _____ birthday?

G: Hmm, what about Italian No.1? She likes _____ food.

M: We just _____ there last week. Do you have any other _____?

 **FLY UP**

● MP3 파일을 잘 듣고, 다음 빈칸을 채워 보세요.

"A에는 B의 대답에 어울리는 질문이, B에는 A의 질문에 어울리는 대답이 들어갈 거예요. A와 B가 어떠한 대화를 나누게 될까요?"

01 A **Can I help you?**　　　　　　　　　도와드릴까요?

　　　B Yes, please.　　　　　　　　　　　　네.

02 A Why don't we take a taxi?　　　　　우리 택시를 타는 게 어때요?

　　　B _____　　_____

03 A _____　　_____

　　　B I like this reading app a lot!　　　나는 이 독서 앱을 많이 좋아해!

04 A Will you join me?　　　　　　　　너는 나랑 함께할래?

　　　B _____　　_____

05 A _____　　_____

　　　B My favorite hobby is reading books.　　내가 가장 좋아하는 취미는 독서야.

"한 번에 문장을 다 쓰긴 어려워요. 여러 번 들으면서 메모하며 천천히 적어도 좋아요. 문장이 완성되면, 우리말 뜻도 적어 보세요!"

06 Maybe _____ after _____ the _____ summer _____ .

 아마 여름 지나서요.
_____

07 _____ did _____ last _____ ?

_____

08 _____ to _____ .

_____

09 _____ a _____ .

_____

10 _____ should _____ ?

_____

● **주어진 우리말 의미에 맞게 영어로 말해 보세요.**

A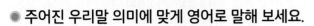

STEP1 우리말을 읽고 영어로 말해 봐요. 말한 뒤에는 네모 박스에 체크해요.

STEP2 주어진 단어들을 알맞게 배열하여 문장을 완성해요.

01 당신은 봄을 좋아하나요? (you, do, spring, like)

STEP1 ☐

STEP2 _____

02 그건 얼마예요? (much, how, does, cost, it)

STEP1 ☐

STEP2 _____

03 나는 조깅하러 갈 거예요. (I'm, go, going, to, jogging)

STEP1 ☐

STEP2 _____

B STEP1 우리말을 읽고 영어로 말해 봐요. 말한 뒤에는 네모 박스에 체크해요.

STEP2 주어진 단어들을 이용하여 문장을 완성해요.

04 너는 요리를 즐기잖아. (enjoy, cooking)

STEP1 ☐

STEP2 _____

05 요즘 어때? (how, going)

STEP1 ☐

STEP2 _____

06 저는 가방을 찾고 있어요. (looking, bag)

STEP1 ☐

STEP2 _____

07 역에서 만나자. (meet, station)

STEP1 ☐

STEP2 _____

Listen & Speak Up 7

WARM UP

새로운 어휘들을 미리 공부해 볼까요?

| 정답과 해설 38쪽 |

A MP3 파일을 잘 듣고, 알맞은 번호 옆에 어휘의 철자와 뜻을 쓰세요.
뒷장으로 넘어가기 전, 한 번 더 들어보고 싶은 경우에는 네모 박스에 체크하세요.

01 ☐   carrot   당근   06 ☐ _____ _____

02 ☐ _____ _____   07 ☐ _____ _____

03 ☐ _____ _____   08 ☐ _____ _____

04 ☐ _____ _____   09 ☐ _____ _____

05 ☐ _____ _____   10 ☐ _____ _____

B 주어진 우리말 의미에 맞도록 빈칸을 채우세요.
위에서 학습한 어휘들을 이용해 보세요.

01   당근 케이크를 먹다   eat _____ cake

02   요리 수업   a _____ class

03   그것을 깨끗하게 유지하다   _____ it clean

04   포스터를 만들다   make a _____

05   선글라스를 쓰다   wear _____

06   특별한 행사   a special _____

07   그녀는 기타 연주를 연습한다.   She _____s playing the guitar.

08   나는 그것들을 온라인에 공유한다.   I _____ them online.

09   그는 새집으로 이사할 것이다.   He will _____ to a new house.

10   그 말을 들으니 안도가 돼.   I'm _____ to hear it.

● MP3 파일을 잘 듣고, 물음에 답하세요.

01

241036-0151

다음을 듣고, 그림과 일치하는 단어를 고르시오.

①   ②   ③   ④

02

241036-0152

다음을 듣고, 나이를 물을 때 할 수 있는 말로 알맞은 것을 고르시오.

①   ②   ③   ④

03

241036-0153

다음을 듣고, 여자아이가 가장 좋아하는 계절을 고르시오.

①    ②

③    ④

04

241036-0154

다음을 듣고, 남자아이가 수요일마다 하는 것을 고르시오.

① 장보기
② 춤 배우기
③ 요리 수업 듣기
④ 외국어 공부하기

05

241036-0155

다음을 듣고, 여자아이가 설명하고 있는 것을 고르시오.

①    ②

③    ④

06
241036-0156

다음을 듣고, 자연스럽지 <u>않은</u> 대화를 고르시오.

①   ②   ③   ④

07
241036-0157

대화를 듣고, 두 아이가 하기로 한 것을 고르시오.

① 공연 관람하기
② 포스터 만들기
③ 동영상 제작하기
④ 콘서트 참가하기

08
241036-0158

대화를 듣고, 남자아이가 사려고 하는 것을 고르시오.

09
241036-0159

대화를 듣고, 여자아이가 태블릿 PC를 빌리려는 이유를 고르시오.

① 게임을 하기 위해서
② 숙제를 하기 위해서
③ 사진을 보기 위해서
④ 영상을 촬영하기 위해서

10
241036-0160

대화를 듣고, 그림 속에서 Amy가 가장 좋아하는 인형을 고르시오.

11

▶ 241036-0161

대화를 듣고, Stella가 내일 할 일을 고르시오.

① 콘서트 가기
② 노래 연습하기
③ 미술관 관람하기
④ 팬 사인회 참석하기

12

▶ 241036-0162

다음을 듣고, Claire가 매주 일요일마다 하는 일이 <u>아닌</u> 것을 고르시오.

① 배드민턴 치기
② 도서관 가기
③ 기타 연습하기
④ 저녁 요리하기

13

▶ 241036-0163

다음을 듣고, 설명에 알맞은 직업을 고르시오.

① 의사   ② 기술자
③ 웹툰 작가   ④ 패션 디자이너

14

▶ 241036-0164

다음을 듣고, 그림의 상황에 알맞은 대화를 고르시오.

①   ②   ③   ④

15

▶ 241036-0165

대화를 듣고, 두 아이가 만나기로 한 요일을 고르시오.

① 목요일   ② 금요일
③ 토요일   ④ 일요일

16

241036-0166

대화를 듣고, Brad의 기분으로 알맞은 것을 고르시오.

① sad   ② bored
③ happy   ④ nervous

17

241036-0167

대화를 듣고, 남자아이가 가려고 하는 곳을 지도에서 고르시오.

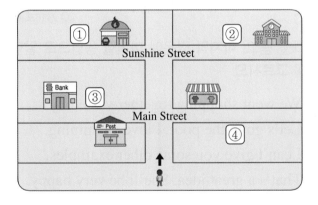

18

241036-0168

대화를 듣고, 여자가 팔 물건을 고르시오.

① radio   ② guitar
③ camera   ④ speaker

19

241036-0169

다음을 듣고, 질문에 이어질 응답으로 알맞은 것을 고르시오.

① They went on a picnic.
② He's 10 years old now.
③ It's not my favorite thing.
④ I don't have any brothers.

20

241036-0170

대화를 듣고, 마지막 질문에 이어질 응답으로 알맞은 것을 고르시오.

① It'll cost twenty dollars.
② You should not eat here.
③ Of course, I already did.
④ No, I don't like camping.

| 정답과 해설 42쪽 |

● MP3 파일을 잘 듣고, 물음에 답하세요.

01
▶ 241036-0171

다음을 듣고, 영어 팝송 대회에 관한 내용과 일치하지 <u>않는</u> 것을 고르시오.

① 다음 주 화요일에 개최된다.
② 모든 학생들이 참가할 수 있다.
③ 팀으로도 참가 가능하다.
④ 목요일까지 등록해야 한다.
⑤ 3층의 포스터에서 추가 정보를 확인할 수 있다.

02
▶ 241036-0172

대화를 듣고, 여자아이의 심정 변화로 알맞은 것을 고르시오.

① happy → sad
② proud → angry
③ bored → excited
④ worried → relieved
⑤ nervous → surprised

03
▶ 241036-0173

다음 상황 설명을 듣고, Ryan이 Emily에게 할 말로 알맞은 것을 고르시오.

Ryan: Emily, _____

① don't be nervous. You'll do fine.
② why are you so angry with me?
③ I like dancing. What about you?
④ you'd better take a shower now.
⑤ look! It's raining really hard outside.

04
▶ 241036-0174

대화를 듣고, 마술 쇼가 몇 시에 시작하는지 고르시오.

① 7:15　　② 7:30
③ 7:45　　④ 8:00
⑤ 8:15

05
▶ 241036-0175

대화를 듣고, 마지막 질문에 이어질 응답으로 알맞은 것을 고르시오.

① We went shopping together yesterday.
② Let's go to the pool. I love swimming.
③ I can't give you some other examples.
④ That's a great idea. She'll be very happy.
⑤ You shouldn't be here right now, anyway.

● MP3 파일을 잘 듣고, 다음 빈칸을 채워 보세요. 빈칸을 채운 뒤, 한 번 더 문제를 풀어 보세요.

01

다음을 듣고, 그림과 일치하는 단어를 고르시오.

①   ②   ③   ④

W: ① _____

② _____

③ _____

④ _____

02

다음을 듣고, 나이를 물을 때 할 수 있는 말로 알맞은 것을 고르시오.

①   ②   ③   ④

M: ① Is this _____ car?

② How _____ are you?

③ Can you _____ me?

④ What's your _____?

03

다음을 듣고, 여자아이가 가장 좋아하는 계절을 고르시오.

①   ②

③   ④

G: My _____ season is _____. I like the beautiful white _____. I love _____ snowmen.

04

다음을 듣고, 남자아이가 수요일마다 하는 것을 고르시오.

① 장보기
② 춤 배우기
③ 요리 수업 듣기
④ 외국어 공부하기

B: I want to be a _____ in the future. So I go to a cooking _____ every Wednesday. Making _____ kinds of food there is _____.

Listen & Speak Up 7

05

다음을 듣고, 여자아이가 설명하고 있는 것을 고르시오.

① ② ③ ④

G: I need these _____ shoes on rainy days. _____ doesn't get _____ them. So they keep my _____ dry.

06

다음을 듣고, 자연스럽지 <u>않은</u> 대화를 고르시오.

① ② ③ ④

① W: I have a _____ cold.

M: You should see a doctor.

② W: May I _____ the window?

M: Yes, you may.

③ W: He's my _____ singer.

M: I like him, too.

④ W: Would you like some salad?

M: I don't like _____.

07

대화를 듣고, 두 아이가 하기로 한 것을 고르시오.

① 공연 관람하기
② 포스터 만들기
③ 동영상 제작하기
④ 콘서트 참가하기

B: Mia, the lunch _____ at school is next month.

G: Right. Do you think many _____ will come?

B: I'm not sure. How about making _____? We can advertise the event.

G: Sounds good. Let's _____ posters together.

B: Okay. Hopefully people will see them and come.

08

대화를 듣고, 남자아이가 사려고 하는 것을 고르시오.

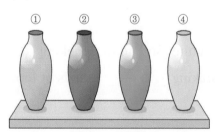

① ② ③ ④

B: Hi, I'm looking for a _____ for my mom.

W: Okay, how about this grey one?

B: Well, she doesn't _____ like the color grey.

W: Then we have a _____ green one.

B: Oh, she likes green. I'll _____ that one.

회색은 grey뿐 아니라 gray라고 쓰기도 합니다. grey는 영국식, gray는 미국식 철자 표기랍니다. 이렇게 같은 단어를 다른 철자로 표기하는 경우가 있는데 한 예로 '타이어'를 영국식으로는 tyre, 미국식으로는 tire와 같이 쓴답니다.

09

대화를 듣고, 여자아이가 태블릿 PC를 빌리려는
이유를 고르시오.

① 게임을 하기 위해서
② 숙제를 하기 위해서
③ 사진을 보기 위해서
④ 영상을 촬영하기 위해서

G: Hi, Sam. Can I _____ your tablet?

B: My tablet? What do you need it for?

G: I need to use an app for my _____. My tablet's _____
   is dead.

B: No problem, you can use mine.

G: _____ you so much!

10

대화를 듣고, 그림 속에서 Amy가 가장 좋아하
는 인형을 고르시오.

B: Amy, you have a lot of _____!

G: Yeah, I love playing with them.

B: _____ one is your favorite?

G: I really like this rabbit. It has big ears.

B: Oh, it's _____ sunglasses as well.

G: Yes, it looks _____ with them on.

11

대화를 듣고, Stella가 내일 할 일을 고르시오.

① 콘서트 가기
② 노래 연습하기
③ 미술관 관람하기
④ 팬 사인회 참석하기

B: Stella, do you have any _____ for tomorrow?

G: Yes, I'm going to a fan signing _____.

B: What's that?

G: It's a special event for _____ like me. I can meet my
   favorite singer there.

B: Wow, that _____ cool!

12

다음을 듣고, Claire가 매주 일요일마다 하는 일
이 아닌 것을 고르시오.

① 배드민턴 치기
② 도서관 가기
③ 기타 연습하기
④ 저녁 요리하기

M: Claire is very busy _____ Sunday. In the morning, she
   plays _____ with her friends. In the afternoon, she
   _____ playing the guitar. In the evening, she cooks
   _____ for her family.

JUMP UP

13

다음을 듣고, 설명에 알맞은 직업을 고르시오.

① 의사   ② 기술자

③ 웹툰 작가   ④ 패션 디자이너

14

다음을 듣고, 그림의 상황에 알맞은 대화를 고르시오.

 ①   ②   ③   ④

15

대화를 듣고, 두 아이가 만나기로 한 요일을 고르시오.

① 목요일   ② 금요일

③ 토요일   ④ 일요일

16

대화를 듣고, Brad의 기분으로 알맞은 것을 고르시오.

① sad   ② bored

③ happy   ④ nervous

W: I make amazing _____ and drawings. Then, I share them _____. People can _____ my webtoons on their _____ or computer.

① W: You _____ in Seoul, don't you?

   M: No, I live in Daejeon.

② M: Thank you for _____ with me.

   W: It's my pleasure.

③ W: What fruits are in _____?

   M: Watermelons are very tasty right now.

④ M: Excuse me, where's the _____ office?

   W: Go straight one block.

상대방이 Thank you.라고 고마움을 표현할 때는 '천만에요.'라는 의미로 It's my pleasure.과 같이 답할 수 있어요. 다른 표현으로는 You're welcome., No problem., Anytime. 등을 사용할 수도 있답니다.

[Cellphone rings.]

B: Hey, Jisu. What's up?

G: Hi, Peter. When should we _____ to practice soccer?

B: What about this Friday _____ school?

G: Sorry, I have to visit my _____ then.

B: Then how about Thursday?

G: Thursday is fine. See you at the _____ soccer field.

G: Brad, what's the _____? You look sad.

B: I am. Tom _____ to another school.

G: Oh, he's your best friend, isn't he?

B: Yes. We _____ a lot of time together at school.

G: I'm sorry to _____ that.

17

대화를 듣고, 남자아이가 가려고 하는 곳을 지도에서 고르시오.

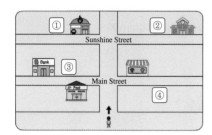

B: Excuse me, is there a _____ theater around here?

W: Yes, there's one _____.

B: How can I get there from here?

W: Go straight one block and _____ left on Main Street.

B: Main Street?

W: Yes. The _____ will be on your right. It's next to the bank.

18

대화를 듣고, 여자가 팔 물건을 고르시오.

① radio   ② guitar
③ camera   ④ speaker

W: Excuse me, are you _____ for the guitar?

M: Yes, I am. I _____ you earlier about it.

W: Oh, hi. Here it is.

M: It looks _____. Can I try it out?

W: Sure, go ahead. This guitar has a _____ sound.

19

다음을 듣고, 질문에 이어질 응답으로 알맞은 것을 고르시오.

① They went on a picnic.
② He's 10 years old now.
③ It's not my favorite thing.
④ I don't have any brothers.

W: How many _____ do you _____?

20

대화를 듣고, 마지막 질문에 이어질 응답으로 알맞은 것을 고르시오.

① It'll cost twenty dollars.
② You should not eat here.
③ Of course, I already did.
④ No, I don't like camping.

M: Sarah, are you excited for _____ field trip?

G: Yes, Dad. I'm very excited! I _____ wait!

M: I hope you have a _____ time. By the way, did you _____ everything?

● MP3 파일을 잘 듣고, 다음 빈칸을 채워 보세요.

"A에는 B의 대답에 어울리는 질문이, B에는 A의 질문에 어울리는 대답이 들어갈 거예요. A와 B가 어떠한 대화를 나누게 될까요?"

01 A <u>Would you like some salad?</u>

<u>샐러드 좀 드실래요?</u>

B Yes, I'd love to.

네, 좋아요.

02 A May I open the window?

제가 창문을 열어도 될까요?

B _____

_____

03 A _____

_____

B I want to be a cook.

나는 요리사가 되기를 원해요.

04 A Do you have any plans?

너는 어떤 계획들이 있니?

B _____

_____

05 A _____

_____

B Yes, there's one nearby.

네, 근처에 하나 있어요.

"한 번에 문장을 다 쓰긴 어려워요. 여러 번 들으면서 메모하며 천천히 적어도 좋아요. 문장이 완성되면, 우리말 뜻도 적어 보세요!"

06 _____ How old _____ are _____ you _____?

당신은 몇 살인가요? _____

07 I _____ with _____.

_____

08 You _____ a _____.

_____

09 _____ I _____?

_____

10 Are _____ for _____?

_____

SPEAK UP

| 정답과 해설 44쪽 |

● 주어진 우리말 의미에 맞게 영어로 말해 보세요.

A **STEP1** 우리말을 읽고 영어로 말해 봐요. 말한 뒤에는 네모 박스에 체크해요.
STEP2 주어진 단어들을 알맞게 배열하여 문장을 완성해요.

01 너는 나를 도와줄 수 있니? (you, can, me, help)

STEP1 □

STEP2 _____

02 나는 쿠키 만드는 것을 좋아해요. (like, cookies, I, making)

STEP1 □

STEP2 _____

03 나는 감기에 걸렸어요. (have, a, I, cold)

STEP1 □

STEP2 _____

B **STEP1** 우리말을 읽고 영어로 말해 봐요. 말한 뒤에는 네모 박스에 체크해요.
STEP2 주어진 단어들을 이용하여 문장을 완성해요.

04 어느 것이 네가 가장 좋아하는 거니? (one, favorite)

STEP1 □

STEP2 _____

05 그녀는 그녀의 가족을 위해 저녁 식사를 요리해요. (cooks, dinner, family)

STEP1 □

STEP2 _____

06 그는 너의 남동생이지, 그렇지 않니? (little, brother, isn't)

STEP1 □

STEP2 _____

07 너는 사촌이 몇 명이니? (many, cousins, have)

STEP1 □

STEP2 _____

Listen & Speak Up 8

WARM UP

새로운 어휘들을 미리 공부해 볼까요?

| 정답과 해설 45쪽 |

A MP3 파일을 잘 듣고, 알맞은 번호 옆에 어휘의 철자와 뜻을 쓰세요.
뒷장으로 넘어가기 전, 한 번 더 들어보고 싶은 경우에는 네모 박스에 체크하세요.

01 ☐ dessert   후식   06 ☐

02 ☐   07 ☐

03 ☐   08 ☐

04 ☐   09 ☐

05 ☐   10 ☐

B 주어진 우리말 의미에 맞도록 빈칸을 채우세요.
위에서 학습한 어휘들을 이용해 보세요.

01   가장 좋아하는 후식   favorite _____

02   중국어를 말하다   speak _____

03   할인을 받다   get a _____

04   수학 숙제   math _____

05   가족 모임   family _____

06   줄넘기를 하다   do _____ _____

07   이발 후에   after the _____

08   이 과목은 과거의 사건들에 초점을 맞춘다.   This subject focuses on _____ events.

09   그것은 장난감 상자 맨 아래에 있었다.   It was at the _____ of the toy box.

10   인터뷰 동안 예의를 갖추어라.   Be _____ during the interview.

● MP3 파일을 잘 듣고, 물음에 답하세요.

01 ▶ 241036-0176

다음을 듣고, 그림과 일치하는 단어를 고르시오.

①   ②   ③   ④

02 ▶ 241036-0177

다음을 듣고, 어제 한 일을 물을 때 할 수 있는 말로 알맞은 것을 고르시오.

①   ②   ③   ④

03 ▶ 241036-0178

다음을 듣고, 여자아이가 가장 좋아하는 후식을 고르시오.

①   ②

③   ④

04 ▶ 241036-0179

다음을 듣고, 남자아이가 할 수 있는 것을 고르시오.

① 중국어 말하기
② 중국 음식 만들기
③ 한국 민요 부르기
④ 한국 음식 만들기

05 ▶ 241036-0180

다음을 듣고, 여자가 설명하고 있는 것을 고르시오.

①    ②

③    ④

06

241036-0181

다음을 듣고, 자연스럽지 <u>않은</u> 대화를 고르시오.

①   ②   ③   ④

07

241036-0182

대화를 듣고, 두 사람이 하기로 한 것을 고르시오.

① 친척 방문하기
② 친구 선물 사기
③ 여행 계획 세우기
④ 아기 생일 파티하기

08

241036-0183

대화를 듣고, Matt가 친구에게 빌려준 것을 고르시오.

09

241036-0184

대화를 듣고, 가족 모임 일정이 변경된 이유를 고르시오.

① 날씨가 좋지 않아서
② 식당 예약이 불가능해서
③ 다른 중요한 일이 생겨서
④ 조부모님이 올 수 없어서

10

241036-0185

대화를 듣고, 그림 속에서 Ben을 고르시오.

Listen & Speak Up 8

11

▶ 241036-0186

대화를 듣고, Mia가 내일 할 일을 고르시오.

① 파마하기
② 모자 사러 가기
③ 개 사료 구입하기
④ 반려동물 미용시키기

12

▶ 241036-0187

다음을 듣고, Dora가 매주 일요일마다 하는 일이 <u>아닌</u> 것을 고르시오.

① 식물에 물 주기
② 퍼즐 완성하기
③ 수영하기
④ 동생에게 이야기책 읽어 주기

13

▶ 241036-0188

다음을 듣고, 설명에 알맞은 과목을 고르시오.

① 체육　　　　　② 수학
③ 역사　　　　　④ 과학

14

▶ 241036-0189

다음을 듣고, 그림의 상황에 알맞은 대화를 고르시오.

①　　　　②　　　　③　　　　④

15

▶ 241036-0190

대화를 듣고, 두 아이가 만나기로 한 요일을 고르시오.

① 목요일　　　　② 금요일
③ 토요일　　　　④ 일요일

16

▶ 241036-0191

대화를 듣고, Grace의 기분으로 알맞은 것을 고르시오.

① bored   ② happy
③ proud   ④ upset

17

▶ 241036-0192

대화를 듣고, 두 사람이 찾고 있는 모자의 위치로 알맞은 것을 고르시오.

18

▶ 241036-0193

대화를 듣고, John이 인터뷰할 사람을 고르시오.

① singer   ② reporter
③ magician   ④ programmer

19

▶ 241036-0194

다음을 듣고, 질문에 이어질 응답으로 알맞은 것을 고르시오.

① I'm sorry, but you can't.
② Yes, this camera is mine.
③ Sorry, it was my mistake.
④ He doesn't like this photo.

20

▶ 241036-0195

대화를 듣고, 마지막 질문에 이어질 응답으로 알맞은 것을 고르시오.

① Please turn on the light for me.
② Do you like reading comic books?
③ That was very disappointing to me.
④ How about that park near the lake?

● MP3 파일을 잘 듣고, 물음에 답하세요.

01
▶ 241036-0196

다음을 듣고, 남자가 작가 초청 행사에 대해 언급하지 않은 것을 고르시오.

① 작가 이름
② 개최 요일
③ 시작 시각
④ 강의 주제
⑤ 신청 장소

02
▶ 241036-0197

대화를 듣고, 두 사람이 대화하는 장소를 고르시오.

① 학교
② 미술관
③ 신발 가게
④ 한복 대여점
⑤ 한국 음식점

03
▶ 241036-0198

다음을 듣고, 자연스러운 대화를 고르시오.

① ② ③ ④ ⑤

04
▶ 241036-0199

대화를 듣고, 현재 시각을 고르시오.

① 9:10
② 9:30
③ 10:00
④ 10:10
⑤ 10:30

05
▶ 241036-0200

다음 상황 설명을 듣고, Olivia가 Peter에게 할 말로 알맞은 것을 고르시오.

Olivia: Peter, _____

① I like rainy days very much.
② where did you buy that one?
③ I'm sorry but I can't help you.
④ you should buy new rain boots.
⑤ I can share my umbrella with you.

● MP3 파일을 잘 듣고, 다음 빈칸을 채워 보세요. 빈칸을 채운 뒤, 한 번 더 문제를 풀어 보세요.

01

다음을 듣고, 그림과 일치하는 단어를 고르시오.

①   ②   ③   ④

W: ① _____
    ② _____
    ③ _____
    ④ _____

02

다음을 듣고, 어제 한 일을 물을 때 할 수 있는 말로 알맞은 것을 고르시오.

①   ②   ③   ④

M: ① How _____ is it?
    ② Why are you _____?
    ③ Do you like _____?
    ④ What did you do _____?

03

다음을 듣고, 여자아이가 가장 좋아하는 후식을 고르시오.

①
②
③
④

G: My favorite _____ is ice cream. It _____ very _____. I really enjoy it on _____ days.

04

다음을 듣고, 남자아이가 할 수 있는 것을 고르시오.

① 중국어 말하기
② 중국 음식 만들기
③ 한국 민요 부르기
④ 한국 음식 만들기

B: I lived in China _____. I _____ Chinese there. So I can _____ Chinese well _____.

05

다음을 듣고, 여자가 설명하고 있는 것을 고르시오.

W: This is a fun _____ activity. _____ sleep outside in _____ and cook over a fire. It's a fun family time _____.

06

다음을 듣고, 자연스럽지 않은 대화를 고르시오.

① ② ③ ④

① W: What's your _____?

M: My name is Daniel Kim.

② W: Can I get a _____?

M: I'm sorry, but you can't.

③ W: Is your sister _____ than you?

M: No, she's shorter than me.

④ W: Did you _____ to a new house?

M: It'll be sunny today.

07

대화를 듣고, 두 사람이 하기로 한 것을 고르시오.

① 친척 방문하기
② 친구 선물 사기
③ 여행 계획 세우기
④ 아기 생일 파티하기

W: Honey, our baby's first _____ is coming up next month.

M: Yes! Let's have a _____ with our family and friends.

W: Good idea! I can't _____!

M: I'm excited, too.

W: Yeah, it's going to be a fun and _____ day.

08

대화를 듣고, Matt가 친구에게 빌려준 것을 고르시오.

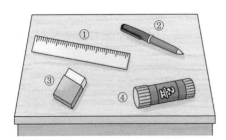

G: Matt, do you have a _____?

B: Yes, I have one.

G: Can I _____ it for a minute?

B: Sure. What do you _____ it for?

G: I need it for my math homework.

B: Okay, _____ you go.

무엇인가를 빌려주거나 빌릴 때 영어에서는 경우에 따라 다른 단어를 사용해요. 빌리는 입장에서는 borrow, 빌려주는 입장에서는 lend를 사용하며, 비용을 지불하여 빌리거나 빌려줄 때는 rent를 사용한답니다.

09

대화를 듣고, 가족 모임 일정이 변경된 이유를 고르시오.

① 날씨가 좋지 않아서
② 식당 예약이 불가능해서
③ 다른 중요한 일이 생겨서
④ 조부모님이 올 수 없어서

M: Ellie, we _____ change the date for our family gathering.
G: Why, Dad?
M: Well, _____ and Grandpa can't come this week.
G: Okay. When should we _____ it to?
M: How about next Saturday, at the same time?
G: That works for me! I'll _____ it down.

10

대화를 듣고, 그림 속에서 Ben을 고르시오.

B: Look! There are some _____ in the playground.
G: Right. Oh, Minho is playing _____.
B: Yeah, he really likes basketball.
G: Who's that boy? He's doing _____ rope. He's new to me.
B: His name is Ben. He just moved to our _____.

11

대화를 듣고, Mia가 내일 할 일을 고르시오.

① 파마하기
② 모자 사러 가기
③ 개 사료 구입하기
④ 반려동물 미용시키기

B: Mia, what are you going to do _____?
G: Something special for my dog.
B: Sounds _____. What is it?
G: I'm taking my dog for a _____.
B: Oh, your dog will look really cute after the haircut.
G: Yeah, I _____ so.

12

다음을 듣고, Dora가 매주 일요일마다 하는 일이 <u>아닌</u> 것을 고르시오.

① 식물에 물 주기
② 퍼즐 완성하기
③ 수영하기
④ 동생에게 이야기책 읽어 주기

M: Dora's _____ are always busy. In the morning, she waters the plants. In the _____, she goes swimming at the _____. In the evening, she reads _____ to her little brother. What a full day!

13

다음을 듣고, 설명에 알맞은 과목을 고르시오.

① 체육   ② 수학

③ 역사   ④ 과학

14

다음을 듣고, 그림의 상황에 알맞은 대화를 고르시오.

①   ②   ③   ④

15

대화를 듣고, 두 아이가 만나기로 한 요일을 고르시오.

① 목요일   ② 금요일

③ 토요일   ④ 일요일

16

대화를 듣고, Grace의 기분으로 알맞은 것을 고르시오.

① bored   ② happy

③ proud   ④ upset

W: This subject _____ on past _____. It's about people, places, and events from long ago. Students can _____ about the _____ from this subject.

① W: Would you like some more?

    M: No, thanks. I'm _____.

② W: Don't give up! You can do it!

    M: Thanks, I'll try _____.

③ W: Hi, I'd like to buy a _____ for Seoul.

    M: What time would you like to leave?

④ W: What do you think of this _____?

    M: I think it's great.

누군가에게 힘내라고 말할 때 우리말로는 '파이팅'이라는 표현을 많이 사용하죠? 하지만 이는 잘못된 영어 표현이랍니다! 영어에서는 You can do it!, Cheer up! 등의 표현을 사용하여 상대방을 격려해 줄 수 있어요.

B: Hey, let's go for a _____ ride this Friday!

G: But it's going to _____ then.

B: Well, what about Saturday?

G: I have to _____ my dad on Saturday. But I can do on Sunday.

B: Sunday _____ for me too. See you at school.

G: Okay.

M: Grace, what's _____?

G: Dad, I lost my favorite toy.

M: What? _____?

G: I left it in the park by mistake. I _____ back for it, but it was gone.

M: Oh, I'm sorry to hear that.

G: I'm so _____.

17

대화를 듣고, 두 사람이 찾고 있는 모자의 위치로 알맞은 것을 고르시오.

M: Amy, did you find your _____ yet?

G: No, it wasn't in my closet.

M: Did you look _____ your bed?

G: Yes. It's not there.

M: Hmm, let's _____ your toy box.

G: Oh, I found it! It was at the _____ of the toy box.

18

대화를 듣고, John이 인터뷰할 사람을 고르시오.

① singer   ② reporter
③ magician   ④ programmer

W: John, you look _____.

B: Yes, Mom. I can't wait to meet my favorite _____.

W: It's exciting, but be polite _____ the interview.

B: Of course, I will.

W: By the way, did you _____ out the interview questions?

B: Oh, I forgot. I'll do it now. Thanks, Mom.

19

다음을 듣고, 질문에 이어질 응답으로 알맞은 것을 고르시오.

① I'm sorry, but you can't.
② Yes, this camera is mine.
③ Sorry, it was my mistake.
④ He doesn't like this photo.

B: Can I take _____ _____ here?

20

대화를 듣고, 마지막 질문에 이어질 응답으로 알맞은 것을 고르시오.

① Please turn on the light for me.
② Do you like reading comic books?
③ That was very disappointing to me.
④ How about that park near the lake?

M: The _____ is so nice.

W: Yeah, why don't _____ go on a _____?

M: Great idea! _____ should we go?

 **FLY UP**

● MP3 파일을 잘 듣고, 다음 빈칸을 채워 보세요.

> "A에는 B의 대답에 어울리는 질문이, B에는 A의 질문에 어울리는 대답이 들어갈 거예요. A와 B가 어떠한 대화를 나누게 될까요?"

01 A <u>What's your favorite dessert?</u>   <u>당신이 가장 좋아하는 후식은 무엇인가요?</u>

   B It's ice cream.   아이스크림이에요.

02 A Would you like some more?   좀 더 드실래요?

   B _____   _____

03 A _____   _____

   B I think it's great.   제 생각에 그건 훌륭한 것 같아요.

04 A Is your sister taller than you?   당신의 여동생은 당신보다 키가 더 크나요?

   B _____   _____

05 A _____   _____

   B I lost my favorite toy.   나는 내가 가장 좋아하는 장난감을 잃어버렸어.

"한 번에 문장을 다 쓰긴 어려워요. 여러 번 들으면서 메모하며 천천히 적어도 좋아요. 문장이 완성되면, 우리말 뜻도 적어 보세요!"

06 I can _____ **speak   Chinese** _____ well.

나는 중국어를 잘 말할 수 있어요.

07 I _____ to _____.

_____

08 _____ for _____.

_____

09 _____ some _____.

_____

10 _____ in _____.

_____

● **주어진 우리말 의미에 맞게 영어로 말해 보세요.**

A **STEP1** 우리말을 읽고 영어로 말해 봐요. 말한 뒤에는 네모 박스에 체크해요.
STEP2 주어진 단어들을 알맞게 배열하여 문장을 완성해요.

01 너는 지우개를 가지고 있니? (an, you, have, do, eraser)

STEP1 ☐

STEP2 _____

02 당신은 새집으로 이사했나요? (did, move, a, to, new, you, house)

STEP1 ☐

STEP2 _____

03 학생들은 과거에 관해 배울 수 있어요. (students, learn, can, about, the, past)

STEP1 ☐

STEP2 _____

B **STEP1** 우리말을 읽고 영어로 말해 봐요. 말한 뒤에는 네모 박스에 체크해요.
STEP2 주어진 단어들을 이용하여 문장을 완성해요.

04 당신은 왜 속상한가요? (why, upset)

STEP1 ☐

STEP2 _____

05 다음 주 토요일은 어때요? (how, next)

STEP1 ☐

STEP2 _____

06 제가 사진을 찍어도 되나요? (can, take)

STEP1 ☐

STEP2 _____

07 나는 그 장난감을 공원에 두고 왔어요. (left, park)

STEP1 ☐

STEP2 _____

Listen & Speak Up 9

WARM UP

새로운 어휘들을 미리 공부해 볼까요?

| 정답과 해설 51쪽 |

A MP3 파일을 잘 듣고, 알맞은 번호 옆에 어휘의 철자와 뜻을 쓰세요.
뒷장으로 넘어가기 전, 한 번 더 들어보고 싶은 경우에는 네모 박스에 체크하세요.

01 ☐   **top**   꼭대기, 정상   06 ☐ _____

02 ☐ _____   07 ☐ _____

03 ☐ _____   08 ☐ _____

04 ☐ _____   09 ☐ _____

05 ☐ _____   10 ☐ _____

B 주어진 우리말 의미에 맞도록 빈칸을 채우세요.
위에서 학습한 어휘들을 이용해 보세요.

01 산 정상에서   at the _____ of the mountain

02 학교 연극 동아리   school _____ club

03 롤러스케이트를 빌리다   _____ roller skates

04 오후 2시 대신에   _____ _____ 2 p.m.

05 치과 예약   _____'s appointment

06 여행 가방을 들고 있다   carry a _____

07 내 여동생을 돌보다   _____ _____ _____ my little sister

08 너는 양파들을 자를 필요가 있다.   You need to cut the _____s.

09 지역 사회 문화 센터에 제빵 수업이 있다.   There's a baking class at the _____ _____.

10 너는 마침내 꿈꾸던 직업을 갖게 됐구나!   You finally got your _____ _____!

● MP3 파일을 잘 듣고, 물음에 답하세요.

01
241036-0201

다음을 듣고, 그림과 일치하는 단어를 고르시오.

①　　　　②　　　　③　　　　④

02
241036-0202

다음을 듣고, 색깔을 물을 때 할 수 있는 말로 알맞은 것을 고르시오.

①　　　　②　　　　③　　　　④

03
241036-0203

다음을 듣고, 남자아이가 가장 좋아하는 활동을 고르시오.

① 　②

③ 　④

04
241036-0204

다음을 듣고, 여자아이가 화요일마다 하는 것을 고르시오.

① 요리 실습　　　② 악기 연주
③ 역사 공부　　　④ 연기 연습

05
241036-0205

다음을 듣고, 남자아이가 설명하고 있는 것을 고르시오.

① 　②

③ 　④

초등 영어듣기평가 완벽대비 4-2

06
241036-0206

다음을 듣고, 자연스럽지 <u>않은</u> 대화를 고르시오.

①   ②   ③   ④

07
241036-0207

대화를 듣고, 두 아이가 빌리기로 한 것을 고르시오.

① 자전거   ② 킥보드
③ 롤러스케이트   ④ 스케이트보드

08
241036-0208

대화를 듣고, 남자아이가 좋아하지 <u>않는</u> 것을 고르시오.

09
241036-0209

대화를 듣고, Morgan이 만날 시간을 변경하려고 하는 이유를 고르시오.

① 차가 막혀서
② 독감에 걸려서
③ 치과에 가야 해서
④ 가족 모임이 있어서

10
241036-0210

대화를 듣고, 그림 속에서 Emily를 고르시오.

11

241036-0211

대화를 듣고, Lisa가 어제 한 일을 고르시오.

① 선생님 뵙기
② 고향 방문하기
③ 부모님 선물 사기
④ 가족 행사 참석하기

12

241036-0212

다음을 듣고, Ava가 여름 방학마다 하는 일을 고르시오.

① 동물 돌보기
② 식물 가꾸기
③ 집 대청소하기
④ 환경 캠페인 하기

13

241036-0213

다음을 듣고, 설명에 알맞은 악기를 고르시오.

① 드럼　　　　② 피아노
③ 기타　　　　④ 바이올린

14

241036-0214

다음을 듣고, 그림의 상황에 알맞은 대화를 고르시오.

①　　　②　　　③　　　④

15

241036-0215

대화를 듣고, 두 아이가 내일 할 일을 고르시오.

① 소풍 가기
② 영어 공부하기
③ 봉사 활동하기
④ 제빵 수업 듣기

16

241036-0216

대화를 듣고, Oliver의 기분으로 알맞은 것을 고르시오.

① upset
② pleased
③ shocked
④ disappointed

18

241036-0218

대화를 듣고, 남자아이가 살 물건을 고르시오.

① drone
② puzzle
③ board game
④ comic book

17

241036-0217

대화를 듣고, 여자아이가 가려고 하는 곳을 지도에서 고르시오.

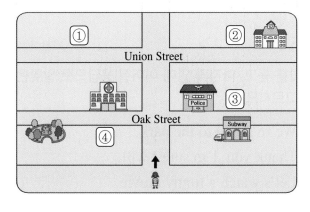

19

241036-0219

다음을 듣고, 질문에 이어질 응답으로 알맞은 것을 고르시오.

① Don't worry. It's not your problem.
② Please call me back in five minutes.
③ I can't wait for the summer vacation.
④ No, I don't have any worries about it.

20

241036-0220

대화를 듣고, 마지막 질문에 이어질 응답으로 알맞은 것을 고르시오.

① I'll perform some magic.
② What's wrong with you?
③ No, thank you. I'm full.
④ Can I use this coupon?

● MP3 파일을 잘 듣고, 물음에 답하세요.

01
▶ 241036-0221

다음을 듣고, 자연스러운 대화를 고르시오.

①   ②   ③   ④   ⑤

02
▶ 241036-0222

다음을 듣고, 남자아이가 살 음식 재료를 고르시오.

① 감자   ② 당근
③ 버섯   ④ 양파
⑤ 호박

03
▶ 241036-0223

다음을 듣고, 여자아이가 자신이 좋아하는 캐릭터에 대해 언급하지 않은 것을 고르시오.

① 이름   ② 외모
③ 좋아하는 것   ④ 나이
⑤ 성격

04
▶ 241036-0224

대화를 듣고, 두 사람의 관계로 알맞은 것을 고르시오.

① 호텔 직원 – 투숙객
② 미술관 직원 – 관람객
③ 열차 승무원 – 승객
④ 공원 관리인 – 방문객
⑤ 여행 가이드 – 여행객

05
▶ 241036-0225

대화를 듣고, 마지막 말에 이어질 응답으로 알맞은 것을 고르시오.

① We're going to the park.
② Thank you. I'm sure I will.
③ Let's watch a funny movie.
④ It's cold and windy outside.
⑤ You shouldn't be late again.

JUMP UP

| 정답과 해설 51쪽 |

● MP3 파일을 잘 듣고, 다음 빈칸을 채워 보세요. 빈칸을 채운 뒤, 한 번 더 문제를 풀어 보세요.

01

다음을 듣고, 그림과 일치하는 단어를 고르시오.

①   ②   ③   ④

02

다음을 듣고, 색깔을 물을 때 할 수 있는 말로 알맞은 것을 고르시오.

①   ②   ③   ④

03

다음을 듣고, 남자아이가 가장 좋아하는 활동을 고르시오.

04

다음을 듣고, 여자아이가 화요일마다 하는 것을 고르시오.

① 요리 실습   ② 악기 연주
③ 역사 공부   ④ 연기 연습

W: ① _____
   ② _____
   ③ _____
   ④ _____

fireman이라는 말 속에는 '남자'라는 의미가 담겨 있죠? 그래서 요즘에는 중립적인 표현인 firefighter라는 단어를 일반적으로 많이 사용한답니다. '경찰관'을 뜻하는 단어로 policeman이 아니라 police officer를 사용하는 것도 이러한 경우의 예라고 볼 수 있어요.

M: ① _____ is it?
   ② Can I _____ it?
   ③ Do you _____ it?
   ④ What _____ is it?

B: I like many different _____, but hiking is my favorite. I see lots of beautiful _____ and plants on my _____. I feel happy at the _____ of the mountain.

G: I'm a member of the school _____ club. I practice _____ with my _____ every Tuesday. I enjoy playing different _____.

Listen & Speak Up 9

05

다음을 듣고, 남자아이가 설명하고 있는 것을 고르시오.

①
②
③
④

B: On hot days, this can help you _____ down. _____ it and move it _____ and forth. Then you will _____ feeling cooler.

06

다음을 듣고, 자연스럽지 <u>않은</u> 대화를 고르시오.

① ② ③ ④

① W: What time is it now?
　 M: A _____ to five.
② W: May I open the window?
　 M: I had a _____ time.
③ W: Are you good at playing _____?
　 M: No, I'm not.
④ W: What's the weather _____ in Paris?
　 M: It's windy and rainy.

07

대화를 듣고, 두 아이가 빌리기로 한 것을 고르시오.

① 자전거　　　　② 킥보드
③ 롤러스케이트　④ 스케이트보드

B: Wow, this park is so beautiful.
G: Yeah, it is. Why don't we _____ roller skates? Skating around here will be _____.
B: Oh, I can't skate.
G: That's okay. Then let's _____ bikes.
B: Sounds _____. Biking will be fun.

08

대화를 듣고, 남자아이가 좋아하지 <u>않는</u> 것을 고르시오.

B: Look at all these _____!
G: Yeah, I'm so excited!
B: Let's get some cake and _____.
G: Great. I'll get some apples, too.
B: Oh, I'm not really a _____ of apples.
G: Ah, I didn't _____ that.

09

대화를 듣고, Morgan이 만날 시간을 변경하려
고 하는 이유를 고르시오.

① 차가 막혀서
② 독감에 걸려서
③ 치과에 가야 해서
④ 가족 모임이 있어서

[Cellphone rings.]

M: Hi, Jina. This is Morgan. Can we meet at 5 p.m. _____ of 2 p.m.?

W: Hi, Morgan. Let me check my schedule. What's the reason for the _____?

M: I forgot about my dentist's _____. Sorry about that.

W: It's okay. Are you feeling okay?

M: Yes, it's just a _____ check-up. Thanks for asking.

W: Alright, 5 p.m. works for me as well.

10

대화를 듣고, 그림 속에서 Emily를 고르시오.

W: Honey, is your cousin Emily here?

M: Hold on a second. I'm _____ for her.

W: What does she look _____?

M: She's tall and has long hair. Ah, there she is.

W: _____?

M: She's wearing sunglasses and carrying a _____.

11

대화를 듣고, Lisa가 어제 한 일을 고르시오.

① 선생님 뵙기
② 고향 방문하기
③ 부모님 선물 사기
④ 가족 행사 참석하기

B: Hi, Lisa. What did you do yesterday?

G: I did something _____.

B: Oh, what was it?

G: _____ was Teachers' Day. So I visited my homeroom _____ from last year.

B: Oh, that's nice. I'm sure you _____ a great time.

> 스승의 날을 뜻하는 Teacher's Day는 우리나라뿐만 아니라 다른 나라들에도 있답니다. 또한, 미국에서는 우리나라의 '어버이날'에 해당하는 Parents' Day 외에도 Mother's Day와 Father's Day도 있답니다.

12

다음을 듣고, Ava가 여름 방학마다 하는 일을 고르시오.

① 동물 돌보기
② 식물 가꾸기
③ 집 대청소하기
④ 환경 캠페인 하기

M: Ava can't wait for her summer _____. Every summer vacation, she goes to an _____ care center. She takes care of animals there. She walks the _____ and washes them. She really loves _____ time with the dogs.

13

다음을 듣고, 설명에 알맞은 악기를 고르시오.

① 드럼　　　　② 피아노
③ 기타　　　　④ 바이올린

W: You can play this by _____ keys. The _____ are black and white. Pressing _____ makes a _____ sound.

14

다음을 듣고, 그림의 상황에 알맞은 대화를 고르시오.

①　　②　　③　　④

① W: Can I try these _____ on?
　　M: Sure, you can.
② W: First, you need to cut the _____.
　　M: Okay, and then?
③ W: Would you like _____ ice cream?
　　M: Yes, please.
④ W: You shouldn't take _____ here.
　　M: Sorry, I didn't know that.

15

대화를 듣고, 두 아이가 내일 할 일을 고르시오.

① 소풍 가기
② 영어 공부하기
③ 봉사 활동하기
④ 제빵 수업 듣기

[Cellphone rings.]
B: Hi, Mia, let's go on a picnic _____.
G: Hey, David. But it'll be very cloudy tomorrow.
B: Then how about _____ a baking class?
G: A _____ class? That sounds fun. Where is the class?
B: There's one at the _____ center.
G: Okay, let's go.

16

대화를 듣고, Oliver의 기분으로 알맞은 것을 고르시오.

① upset　　　　② pleased
③ shocked　　　④ disappointed

W: Oliver, I heard the news.
M: Hi, Suji. What _____?
W: You finally got your _____ job! Congratulations!
M: Oh, thanks a lot! I _____ so happy now.
W: That's great! Let's _____ together.

17

대화를 듣고, 여자아이가 가려고 하는 곳을 지도에서 고르시오.

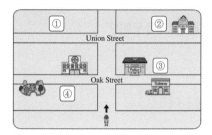

G: Excuse me. How can I get to the _____ pool?

M: It's not far from here. Go straight one block and turn _____ on Oak Street.

G: Oak Street, got it. And then?

M: The pool is _____ from the subway station. It's next to the police office.

G: I see. Thank you for your help!

M: No _____.

18

대화를 듣고, 남자아이가 살 물건을 고르시오.

① drone ② puzzle
③ board game ④ comic book

B: Hi, I'm looking for a gift for my _____.

W: How about this puzzle? It's fun to put together.

B: It's nice, but I don't think he _____ like it.

W: Okay, then how _____ this drone?

B: That's perfect! He's _____ in flying drones these days. I'll take it.

19

다음을 듣고, 질문에 이어질 응답으로 알맞은 것을 고르시오.

① Don't worry. It's not your problem.
② Please call me back in five minutes.
③ I can't wait for the summer vacation.
④ No, I don't have any worries about it.

B: Are you _____ about the _____ tomorrow?

20

대화를 듣고, 마지막 질문에 이어질 응답으로 알맞은 것을 고르시오.

① I'll perform some magic.
② What's wrong with you?
③ No, thank you. I'm full.
④ Can I use this coupon?

G: Liam, the school _____ show is coming up.

B: Yeah, I'm thinking about _____ up for the _____.

G: Oh, what are you _____ to do?

 **FLY UP**

● MP3 파일을 잘 듣고, 다음 빈칸을 채워 보세요.

"A에는 B의 대답에 어울리는 질문이, B에는 A의 질문에 어울리는 대답이 들어갈 거예요. A와 B가 어떠한 대화를 나누게 될까요?"

01 A <u>What does she look like?</u>   <u>그녀는 어떻게 생겼어요?</u>

  B She's tall and has long hair.   그녀는 키가 크고 머리가 길어요.

02 A What's the weather like in Paris?   파리의 날씨는 어때요?

  B _____   _____

03 A _____   _____

  B I practice acting.   나는 연기를 연습해요.

04 A Would you like more ice cream?   당신은 아이스크림을 더 드실래요?

  B _____   _____

05 A _____   _____

  B Sure, you can.   물론이죠, 당신은 입어 볼 수 있어요.

06 _____ **Let** _____ me _____ **check** _____ my _____ **schedule** _____ .

내 일정을 확인해 볼게요. _____

07 You _____ a _____ .

_____

08 _____ some _____ .

_____

09 _____ and _____ .

_____

10 The _____ the _____ .

_____

● 주어진 우리말 의미에 맞게 영어로 말해 보세요.

A **STEP1** 우리말을 읽고 영어로 말해 봐요. 말한 뒤에는 네모 박스에 체크해요.
STEP2 주어진 단어들을 알맞게 배열하여 문장을 완성해요.

01 그것은 무슨 색깔인가요? (what, is, color, it)

STEP1 ☐

STEP2 _____

02 내일은 더울 거예요. (tomorrow, it'll, be, hot)

STEP1 ☐

STEP2 _____

03 나는 내 치과 예약을 잊어버렸어요. (I, appointment, about, my, forgot, dentist's)

STEP1 ☐

STEP2 _____

B **STEP1** 우리말을 읽고 영어로 말해 봐요. 말한 뒤에는 네모 박스에 체크해요.
STEP2 주어진 단어들을 이용하여 문장을 완성해요.

04 이 사진들을 봐! (look, photos)

STEP1 ☐

STEP2 _____

05 너는 어제 무엇을 했니? (did, yesterday)

STEP1 ☐

STEP2 _____

06 그는 춤을 추는 것에 관심이 있어요. (interested, dancing)

STEP1 ☐

STEP2 _____

07 그녀는 개들과 시간을 보내는 것을 좋아해요. (loves, spending, dogs)

STEP1 ☐

STEP2 _____

Listen & Speak Up 10

새로운 어휘들을 미리 공부해 볼까요?

| 정답과 해설 58쪽 |

A MP3 파일을 잘 듣고, 알맞은 번호 옆에 어휘의 철자와 뜻을 쓰세요.
뒷장으로 넘어가기 전, 한 번 더 들어보고 싶은 경우에는 네모 박스에 체크하세요.

01 ☐   prefer   ～을 더 좋아하다   06 ☐

02 ☐   07 ☐

03 ☐   08 ☐

04 ☐   09 ☐

05 ☐   10 ☐

B 주어진 우리말 의미에 맞도록 빈칸을 채우세요.
위에서 학습한 어휘들을 이용해 보세요.

01 커피를 더 좋아하다   _____ coffee

02 많은 연필을 빌리다   _____ many pencils

03 쌀국수를 먹다   eat rice _____s

04 시장에 가다   go to the _____

05 스페인어를 공부하다   study _____

06 운동을 하기로 계획하다   plan to _____

07 물건들을 운반하다   _____ things

08 인터넷에서 정보를 검색하자.   Let's _____ for information on the Internet.

09 나는 정말 무서워.   I feel really _____.

10 그것들은 책들 뒤에 있었어.   They were _____ the books.

Listen & Speak Up 10

● MP3 파일을 잘 듣고, 물음에 답하세요.

01
241036-0226

다음을 듣고, 그림과 일치하는 단어를 고르시오.

①   ②   ③   ④

02
241036-0227

다음을 듣고, 더 좋아하는 것을 물을 때 할 수 있는 말로 알맞은 것을 고르시오.

①   ②   ③   ④

03
241036-0228

다음을 듣고, 여자아이가 가장 좋아하는 장소를 고르시오.

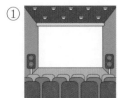 

04
241036-0229

다음을 듣고, 남자아이가 하고 있는 것을 고르시오.

① 모둠 과제하기
② 영상 제작하기
③ 드라마 시청하기
④ 한국 음식 요리하기

05
241036-0230

다음을 듣고, 여자가 설명하고 있는 것을 고르시오.

①    ②

③    ④

06

241036-0231

다음을 듣고, 자연스럽지 <u>않은</u> 대화를 고르시오.

①   ②   ③   ④

07

241036-0232

대화를 듣고, 두 아이가 먹기로 한 음식을 고르시오.

① 잡채   ② 볶음밥
③ 불고기   ④ 쌀국수

08

241036-0233

대화를 듣고, Jack이 어제 산 것을 고르시오.

09

241036-0234

대화를 듣고, 남자가 판다를 찾는 이유를 고르시오.

① 아들이 좋아해서
② 한 번도 보지 못해서
③ 홍보 영상을 찍기 위해서
④ 캠페인 자료를 만들기 위해서

10

241036-0235

대화를 듣고, 그림 속에서 Brown 선생님을 고르시오.

Listen & Speak Up 10

11

241036-0236

대화를 듣고, Amy가 여름 방학에 할 일을 고르시오.

① 봉사 활동하기
② 친척 방문하기
③ 해외여행 가기
④ 스페인어 공부하기

12

241036-0237

다음을 듣고, Daniel이 주말마다 할 일이 <u>아닌</u> 것을 고르시오.

① 조깅   ② 수영
③ 팔 굽혀 펴기   ④ 줄넘기

13

241036-0238

다음을 듣고, 설명에 알맞은 교통수단을 고르시오.

① 배   ② 기차
③ 지하철   ④ 오토바이

14

241036-0239

다음을 듣고, 그림의 상황에 알맞은 대화를 고르시오.

①   ②   ③   ④

15

241036-0240

대화를 듣고, 두 아이가 내일 만나서 할 일을 고르시오.

① 파티하기
② 배드민턴 치기
③ 숙제 끝마치기
④ 미술관 방문하기

16
241036-0241

대화를 듣고, Susan의 기분으로 알맞은 것을 고르시오.

① bored
② scared
③ pleased
④ jealous

17
241036-0242

대화를 듣고, 두 아이가 찾고 있는 가위의 위치로 알맞은 것을 고르시오.

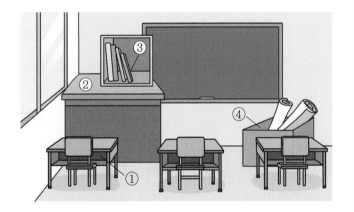

18
241036-0243

대화를 듣고, Chloe가 빌릴 물건을 고르시오.

① cap
② book
③ eraser
④ umbrella

19
241036-0244

다음을 듣고, 질문에 이어질 응답으로 알맞은 것을 고르시오.

① Just call me Ms. Lee, please.
② We're not curious about that.
③ It's all because of the weather.
④ I try to get up early every day.

20
241036-0245

대화를 듣고, 마지막 질문에 이어질 응답으로 알맞은 것을 고르시오.

① Will you call me back later?
② Turn right at the first corner.
③ Are you good at computers?
④ I'd love to go out for dinner.

 **실력 높여 보기**

| 정답과 해설 62쪽 |

● MP3 파일을 잘 듣고, 물음에 답하세요.

01 ▶ 241036-0246

다음을 듣고, 여자가 마술 쇼에 대해 언급하지 <u>않은</u> 것을 고르시오.

① 마술사 이름   ② 공연 장소
③ 티켓 가격   ④ 특별 게스트
⑤ 웹사이트

02 ▶ 241036-0247

다음을 듣고, 자연스러운 대화를 고르시오.

①   ②   ③   ④   ⑤

03 ▶ 241036-0248

대화를 듣고, 두 아이가 대화하는 장소를 고르시오.

① 스키장   ② 운동장
③ 놀이공원   ④ 백화점
⑤ 자전거 대여소

04 ▶ 241036-0249

다음을 듣고, 남자아이가 내일 팔 물건을 고르시오.

① book   ② lamp
③ cap   ④ T-shirt
⑤ flashlight

05 ▶ 241036-0250

대화를 듣고, 남자의 조언으로 알맞은 것을 고르시오.

① 입지 않는 옷을 기부해라.
② 더러워진 옷은 바로 세탁해라.
③ 찢어진 옷은 수선해서 입어라.
④ 옷을 살 때 필요한지 신중히 고민해라.
⑤ 의류를 버릴 때는 수거업체에 연락해라.

 MP3

| 정답과 해설 58쪽 |

● MP3 파일을 잘 듣고, 다음 빈칸을 채워 보세요. 빈칸을 채운 뒤, 한 번 더 문제를 풀어 보세요.

01

다음을 듣고, 그림과 일치하는 단어를 고르시오.

①   ②   ③   ④

W: ① _____
    ② _____
    ③ _____
    ④ _____

'무당벌레'는 ladybug뿐 아니라 ladybird라고 쓰기도 합니다. ladybug는 미국식, ladybird는 주로 영국에서 많이 사용한답니다.

02

다음을 듣고, 더 좋아하는 것을 물을 때 할 수 있는 말로 알맞은 것을 고르시오.

①   ②   ③   ④

M: ① What _____ you here?

② Which do you _____?

③ Are you _____ about it?

④ Does that _____ you?

03

다음을 듣고, 여자아이가 가장 좋아하는 장소를 고르시오.

①   ②

③   ④

G: My favorite _____ is the library. I can check out many books and _____ them there. It's also _____ so I can _____ there.

04

다음을 듣고, 남자아이가 하고 있는 것을 고르시오.

① 모둠 과제하기
② 영상 제작하기
③ 드라마 시청하기
④ 한국 음식 요리하기

B: I'm _____ a video for my vlog _____. It's about Korean elementary school students' favorite TV _____. I hope a lot of _____ watch my video.

05

다음을 듣고, 여자가 설명하고 있는 것을 고르시오.

①   ②

③   ④

W: This is a _____ thing for travelers. It shows famous places in a _____ or an area. It also _____ useful information about those _____.

06

다음을 듣고, 자연스럽지 <u>않은</u> 대화를 고르시오.

①   ②   ③   ④

① M: Can you play the _____?

W: Yes, I'm good at playing the guitar.

② M: What time do you go to _____?

W: I go to school at 8 o'clock.

③ M: Do you _____ with me?

W: No, I don't. I have a different idea.

④ M: Are you going to go _____?

W: My favorite hobby is listening to music.

07

대화를 듣고, 두 아이가 먹기로 한 음식을 고르시오.

① 잡채   ② 볶음밥
③ 불고기   ④ 쌀국수

G: Wow! There are so many _____ here.

B: Yeah, what do you want to eat for _____?

G: How about bulgogi? It's my favorite.

B: Oh, I had _____ yesterday. What about rice noodles?

G: Rice noodles sound good, too. _____ have that.

08

대화를 듣고, Jack이 어제 산 것을 고르시오.

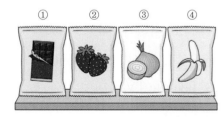

G: Jack, I _____ you at the market yesterday.

B: Oh, yes. I went to the _____ to buy some snacks.

G: What did you buy?

B: Onion Bites. They're my favorite _____. They taste like onions.

G: Onion flavor? Sounds _____.

B: I have some here. You can try them.

09

대화를 듣고, 남자가 판다를 찾는 이유를 고르시오.

① 아들이 좋아해서
② 한 번도 보지 못해서
③ 홍보 영상을 찍기 위해서
④ 캠페인 자료를 만들기 위해서

M: Hi, where can we see the _____?

W: Oh, she's not here right now.

M: Really? My son really wants to _____ the panda. He loves pandas.

W: I'm so sorry. The panda is sick and _____.

M: I understand. I hope she gets better _____.

W: Thank you.

10

대화를 듣고, 그림 속에서 Brown 선생님을 고르시오.

B: Mom, look at this _____.

W: Oh, who are they?

B: They're my teachers at _____.

W: I see. _____ one is Mr. Brown, your homeroom teacher?

B: He's wearing glasses here.

W: Oh, that red tie _____ good on him.

'안경'을 뜻하는 glasses는 일반적으로 복수형으로 사용해요. 영어에서는 이처럼 짝이 있는 경우 복수형으로 사용하는 단어들이 많답니다. '가위'를 뜻하는 scissors, '바지'를 뜻하는 pants 등도 이러한 경우에 해당해요.

11

대화를 듣고, Amy가 여름 방학에 할 일을 고르시오.

① 봉사 활동하기
② 친척 방문하기
③ 해외여행 가기
④ 스페인어 공부하기

B: Amy, our summer _____ is coming soon!

G: Yeah, I'm so excited.

B: Do you have any special _____?

G: I'm going to study _____.

B: Spanish? Why?

G: I want to visit Spain _____.

12

다음을 듣고, Daniel이 주말마다 할 일이 <u>아닌</u> 것을 고르시오.

① 조깅   ② 수영
③ 팔 굽혀 펴기   ④ 줄넘기

W: Daniel wants to improve his _____. He plans to exercise every _____. In the morning, he'll go swimming. In the _____, he'll do 50 push-ups. He'll also do jump _____ in the evening.

13

다음을 듣고, 설명에 알맞은 교통수단을 고르시오.

① 배 ② 기차
③ 지하철 ④ 오토바이

M: This is a _____ boat. It's _____ for carrying things _____ the ocean. It's also useful for carrying people _____ the sea.

14

다음을 듣고, 그림의 상황에 알맞은 대화를 고르시오.

①　②　③　④

① G: It's nice to meet you.

B: It's a _____ to meet you as well.

② G: I'm sorry about my mistake.

B: That's all right. I _____.

③ G: I'm thinking of buying this T-shirt.

B: Well, I think you _____ have quite a few.

④ G: Let's search for _____ on the Internet.

B: That's a good idea. Let's do it.

15

대화를 듣고, 두 아이가 내일 만나서 할 일을 고르시오.

① 파티하기
② 배드민턴 치기
③ 숙제 끝마치기
④ 미술관 방문하기

G: Chris, _____ play badminton this weekend.

B: I'd love to, but I can't. I have to _____ Ms. Kim's math homework.

G: Oh, I forgot about that. Why don't we finish it together tomorrow? We can help _____ other.

B: Great idea! Then I'll be free on the weekend.

G: And we can _____ badminton this weekend.

B: Okay.

16

대화를 듣고, Susan의 기분으로 알맞은 것을 고르시오.

① bored ② scared
③ pleased ④ jealous

M: Susan, are you okay?

G: Dad, the thunderstorm _____ is so loud and scary!

M: It's okay, honey.

G: I want to hide under my _____. I hope it'll pass soon.

M: I'll stay with you. Don't be _____.

G: When will it be _____? I feel really scared right now.

17

대화를 듣고, 두 아이가 찾고 있는 가위의 위치로 알맞은 것을 고르시오.

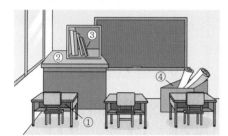

18

대화를 듣고, Chloe가 빌릴 물건을 고르시오.

① cap   ② book
③ eraser   ④ umbrella

19

다음을 듣고, 질문에 이어질 응답으로 알맞은 것을 고르시오.

① Just call me Ms. Lee, please.
② We're not curious about that.
③ It's all because of the weather.
④ I try to get up early every day.

20

대화를 듣고, 마지막 질문에 이어질 응답으로 알맞은 것을 고르시오.

① Will you call me back later?
② Turn right at the first corner.
③ Are you good at computers?
④ I'd love to go out for dinner.

G: Brad, where are the _____?

B: Did you look in your desk drawer?

G: Yes, they're not _____.

B: What about the table _____ the window?

G: No, they're not there, either.

B: Oh, I _____ them. They were behind the books.

G: Hello, Mr. Han.

M: Hi, Chloe. _____ up?

G: Can I borrow a classroom _____?

M: Oh, is it raining now? Sure, you can use one. Just _____ it later.

G: Thank you very much.

M: No _____.

M: What _____ I _____ you?

M: Happy birthday, my _____ daughter!

G: Thank you, _____!

M: What _____ you like to _____ for your birthday?

● MP3 파일을 잘 듣고, 다음 빈칸을 채워 보세요.

"A에는 B의 대답에 어울리는 질문이, B에는 A의 질문에 어울리는 대답이 들어갈 거예요. A와 B가 어떠한 대화를 나누게 될까요?"

01 A ___What are you doing?___   너는 무엇을 하고 있는 중이니?

     B I'm making a video.   나는 영상을 만드는 중이야.

02 A What time do you go to school?   너는 몇 시에 학교에 가니?

     B _____   _____

03 A _____   _____

     B How about bulgogi?   불고기는 어때?

04 A Who are they?   그들은 누구인가요?

     B _____   _____

05 A _____   _____

     B He plans to exercise.   그는 운동을 할 계획입니다.

"한 번에 문장을 다 쓰긴 어려워요. 여러 번 들으면서 메모하며 천천히 적어도 좋아요. 문장이 완성되면, 우리말 뜻도 적어 보세요!"

06 I'm _____ **sorry** _____ about _____ **my   mistake** _____ .

저는 제 실수 때문에 죄송해요. _____

07 _____ at _____ the _____ .

_____

08 This _____ a _____ for _____ .

_____

09 That _____ on him.

_____

10 _____ to _____ under _____ .

_____

● **주어진 우리말 의미에 맞게 영어로 말해 보세요.**

A STEP1 우리말을 읽고 영어로 말해 봐요. 말한 뒤에는 네모 박스에 체크해요.
STEP2 주어진 단어들을 알맞게 배열하여 문장을 완성해요.

01 나는 창의적인 생각을 가지고 있어요. (I, a, idea, have, creative)

STEP1 ☐

STEP2 _____

02 너는 그것을 확신하니? (about, are, sure, you, it)

STEP1 ☐

STEP2 _____

03 우리의 겨울 방학이 얼마 남지 않았어요. (is, our, vacation, coming, winter, soon)

STEP1 ☐

STEP2 _____

B STEP1 우리말을 읽고 영어로 말해 봐요. 말한 뒤에는 네모 박스에 체크해요.
STEP2 주어진 단어들을 이용하여 문장을 완성해요.

04 언제 그게 준비될까요? (when, it, ready)

STEP1 ☐

STEP2 _____

05 닭고기 카레는 어때요? (what, curry)

STEP1 ☐

STEP2 _____

06 아니, 그것들은 거기에도 없어요. (no, there, either)

STEP1 ☐

STEP2 _____

07 너는 그의 의견에 동의하니? (agree, opinion)

STEP1 ☐

STEP2 _____

한눈에 보는 정답

LISTEN UP

Listen & Speak Up 1
본문 10~19쪽

듣기평가 모의고사

01 ②	02 ③	03 ④	04 ①	05 ②
06 ④	07 ③	08 ③	09 ①	10 ③
11 ②	12 ③	13 ④	14 ①	15 ③
16 ③	17 ③	18 ①	19 ②	20 ②

실력 높여 보기

01 ①	02 ③	03 ④	04 ⑤	05 ②

Listen & Speak Up 4
본문 52~61쪽

듣기평가 모의고사

01 ③	02 ②	03 ③	04 ④	05 ①
06 ④	07 ③	08 ①	09 ②	10 ①
11 ②	12 ②	13 ④	14 ①	15 ③
16 ①	17 ③	18 ②	19 ④	20 ②

실력 높여 보기

01 ⑤	02 ③	03 ⑤	04 ③	05 ①

Listen & Speak Up 2
본문 24~33쪽

듣기평가 모의고사

01 ③	02 ①	03 ③	04 ②	05 ②
06 ①	07 ③	08 ④	09 ①	10 ③
11 ①	12 ②	13 ③	14 ②	15 ④
16 ①	17 ②	18 ①	19 ④	20 ②

실력 높여 보기

01 ⑤	02 ③	03 ②	04 ②	05 ④

Listen & Speak Up 5
본문 66~75쪽

듣기평가 모의고사

01 ④	02 ③	03 ④	04 ②	05 ③
06 ②	07 ④	08 ④	09 ②	10 ②
11 ③	12 ②	13 ④	14 ②	15 ④
16 ①	17 ①	18 ④	19 ③	20 ①

실력 높여 보기

01 ②	02 ③	03 ⑤	04 ①	05 ③

Listen & Speak Up 3
본문 38~47쪽

듣기평가 모의고사

01 ③	02 ④	03 ③	04 ②	05 ③
06 ②	07 ④	08 ②	09 ④	10 ①
11 ④	12 ①	13 ①	14 ③	15 ①
16 ④	17 ②	18 ②	19 ④	20 ②

실력 높여 보기

01 ⑤	02 ⑤	03 ④	04 ③	05 ①

Listen & Speak Up 6
본문 80~89쪽

듣기평가 모의고사

01 ④	02 ②	03 ③	04 ④	05 ③
06 ①	07 ①	08 ③	09 ②	10 ①
11 ②	12 ③	13 ①	14 ④	15 ②
16 ③	17 ③	18 ②	19 ②	20 ①

실력 높여 보기

01 ②	02 ③	03 ⑤	04 ①	05 ④

Listen & Speak Up 7
본문 94~103쪽

듣기평가 모의고사

01 ④	02 ②	03 ④	04 ③	05 ①
06 ④	07 ②	08 ③	09 ②	10 ③
11 ④	12 ②	13 ③	14 ③	15 ①
16 ①	17 ③	18 ②	19 ④	20 ③

실력 높여 보기

01 ⑤	02 ④	03 ①	04 ③	05 ④

Listen & Speak Up 9
본문 122~131쪽

듣기평가 모의고사

01 ③	02 ④	03 ④	04 ④	05 ④
06 ②	07 ①	08 ②	09 ③	10 ②
11 ①	12 ①	13 ②	14 ②	15 ④
16 ②	17 ③	18 ①	19 ④	20 ①

실력 높여 보기

01 ④	02 ⑤	03 ④	04 ③	05 ②

Listen & Speak Up 8
본문 108~117쪽

듣기평가 모의고사

01 ①	02 ④	03 ②	04 ①	05 ①
06 ④	07 ④	08 ①	09 ④	10 ②
11 ④	12 ②	13 ③	14 ③	15 ④
16 ④	17 ③	18 ③	19 ①	20 ④

실력 높여 보기

01 ③	02 ④	03 ④	04 ④	05 ⑤

Listen & Speak Up 10
본문 136~145쪽

듣기평가 모의고사

01 ②	02 ②	03 ③	04 ②	05 ③
06 ④	07 ④	08 ③	09 ①	10 ②
11 ④	12 ①	13 ①	14 ④	15 ③
16 ②	17 ③	18 ④	19 ①	20 ④

실력 높여 보기

01 ④	02 ⑤	03 ③	04 ②	05 ①

Listen & Speak Up 1

WARM UP

A 01 weather, 날씨 02 basketball, 농구, 농구공 03 tail, 꼬리
   04 tomorrow, 내일 05 weekend, 주말 06 throw a party, 파티를 열다
   07 wear, 쓰다, 입다 08 wash, 씻다 09 library, 도서관
   10 subway, 지하철

B 01 weather 02 basketball 03 tail 04 tomorrow 05 weekend
   06 throw a party 07 wear 08 wash 09 library 10 subway

LISTEN UP | JUMP UP

LISTEN UP 듣기평가 모의고사 1

01 ② 02 ③ 03 ④ 04 ① 05 ② 06 ④ 07 ③ 08 ③ 09 ① 10 ③
11 ② 12 ③ 13 ④ 14 ① 15 ③ 16 ③ 17 ③ 18 ① 19 ② 20 ②

정답	JUMP UP 받아쓰기(스크립트)	해석
01 ② 그림의 풍선을 나타내는 단어는 ② 'balloon'입니다.	W: ① bike ② balloon ③ butterfly ④ basketball	여자: ① 자전거 ② 풍선 ③ 나비 ④ 농구공
02 ③ ③ 'How are you today?'는 상대방의 안부를 묻는 표현입니다. ・name 이름	M: ① How old are you? ② What's your name? ③ How are you today? ④ Where are you going?	남자: ① 당신은 몇 살인가요? ② 당신의 이름은 무엇인가요? ③ 오늘 (기분이) 어떠세요? ④ 당신은 어디에 가고 있나요?
03 ④ 부드럽고 크림이 많이 든 케이크를 가장 마음에 들어 했다고 하였으므로, 정답은 ④입니다. ・dessert 디저트, 후식 ・creamy 크림이 많이 든	G: I had chicken salad and pasta for lunch. I also had strawberry cake for dessert. I liked the soft and creamy cake best.	소녀: 나는 치킨샐러드와 파스타를 점심으로 먹었습니다. 나는 디저트로 딸기 케이크도 먹었습니다. 나는 부드럽고 크림이 많이 든 케이크가 가장 마음에 들었습니다.
04 ① 수영은 못하지만 ① '농구'는 매우 잘한다고 하였습니다. ・captain 주장, 선장 ・team 팀	M: Andy cannot swim, but he can play basketball very well. He is the captain of his school basketball team.	남자: Andy는 수영은 못하지만, 그는 농구는 매우 잘합니다. 그는 학교 농구팀의 주장입니다.
05 ② 크지 않지만 빨리 뛸 수 있고 긴 귀와 짧은 꼬리가 있으며 채소	W: This is not big but it can run very fast. It has long ears and a short tail.	여자: 이것은 크지 않지만 매우 빨리 뛸 수 있어요. 이것은 긴 귀와 짧은 꼬리를 가졌어요. 이것

정답	JUMP UP 받아쓰기(스크립트)	해석

를 먹는다고 하였으므로 정답은 ②입니다.
- tail 꼬리
- vegetable 채소

It eats <u>vegetables</u>. What is it?

은 채소를 먹습니다. 이것은 무엇일까요?

06 ④

오늘이 무슨 요일인지를 물었는데, 자신은 비 오는 날을 좋아한다고 답한 것은 자연스럽지 않으므로 정답은 ④입니다.
- be good at ~을 잘하다
- go ahead (승낙) 그렇게 하세요, 계속하다

① W: How's the <u>weather</u> today?
   M: It's sunny.
② W: Can you play basketball?
   M: Yes, I can. I'm <u>good</u> at it.
③ W: May I <u>use</u> your phone?
   M: Sure, go ahead.
④ W: What <u>day</u> is it today?
   M: I like rainy days.

① 여자: 오늘 날씨가 어때요?
   남자: 화창해요.
② 여자: 당신은 농구를 할 수 있나요?
   남자: 네, 할 수 있어요. 저는 그것을 잘해요.
③ 여자: 당신의 전화기를 써도 될까요?
   남자: 물론이에요. 그렇게 하세요.
④ 여자: 오늘은 무슨 요일인가요?
   남자: 저는 비 오는 날을 좋아해요.

07 ③

두 아이는 내일 배드민턴을 치러 ③ '체육관'에서 만나기로 하였습니다.
- badminton 배드민턴
- together 함께

G: Suho, do you play <u>badminton</u>?
B: Yes, I do. I <u>love</u> badminton.
G: Then would you like to <u>play</u> together tomorrow morning?
B: Sure. Shall we meet in the <u>gym</u>?
G: Yes, see you there!

소녀: 수호야, 너는 배드민턴을 치니?
소년: 응, 나는 배드민턴을 쳐. 나는 배드민턴을 무척 좋아해.
소녀: 그러면 내일 아침에 함께 (배드민턴을) 칠까?
소년: 물론이야. 체육관에서 만날까?
소녀: 그래, 거기에서 보자!

08 ③

할머니를 위한 모자를 고르는데 여자가 권해 주는 파란색 모자가 예쁘다고 하며, 가격을 듣고 나서 파란색 모자를 사겠다고 하였으므로 정답은 ③이다.
- pretty 예쁜
- blue 파란

W: Hi! May I help you?
B: Hi, I'm looking for a <u>hat</u> for my grandma.
W: How about this <u>blue</u> one?
B: It's pretty. How <u>much</u> is it?
W: It's <u>12</u> dollars.
B: Okay, I'll take it.

여자: 안녕하세요! 제가 도와드릴까요?
소년: 안녕하세요, 저는 할머니를 위한 모자를 찾고 있어요.
여자: 이 파란 것은 어떠세요?
소년: 그것은 예쁘네요. 그것은 얼마예요?
여자: 그것은 12달러예요.
소년: 좋아요, 그것을 살게요.

09 ①

여자아이는 ① '생신 파티를 열려고' 할머니 댁에 갈 것이라고 하였습니다.
- visit 방문하다
- soon 곧, 머지않아

B: What are you going to do this <u>weekend</u>?
G: I'm going to visit my <u>grandma</u> in Sokcho.
B: That's nice. Are you doing anything special with her?
G: Her <u>birthday</u> is coming up soon. My family is throwing a <u>party</u> for her.
B: Wow, have a nice time!

소년: 너는 이번 주말에 무엇을 할 거니?
소녀: 나는 속초에 계신 할머니 댁에 방문할 예정이야.
소년: 그거 좋은데. 너는 할머니랑 특별한 것을 할 거니?
소녀: 할머니의 생신이 곧 다가와. 우리 가족은 할머니를 위해 파티를 열 거야.
소년: 와, 좋은 시간 보내렴!

10 ③

가장 친한 친구인 Ryan은 사진 속에서 안경을 쓰고 검은 머리를 하고 있다고 하였으므로 정

G: Wow, is this your <u>club</u> photo?
B: Yes, it is. We're all good friends.
G: Where is Ryan, your <u>best</u> friend?

소녀: 와, 이것은 네 동아리 사진이니?
소년: 응, 맞아. 우리는 모두 좋은 친구들이야.
소녀: 네 가장 친한 친구 Ryan은 어디 있니?

정답	JUMP UP 받아쓰기(스크립트)	해석

답은 ③입니다.
- best friend 가장 친한 친구
- brown 갈색의; 갈색

B: He's wearing glasses in the picture.
G: Does he have brown hair?
B: No, he has black hair.

소년: 그는 사진 속에서 안경을 쓰고 있어.
소녀: 그의 머리카락은 갈색이니?
소년: 아니, 그는 검은 머리카락을 가졌어.

11 ②

미나는 어제 가족과 함께 호수 공원에 가서 연을 날렸다고 했으므로 정답은 ② '연날리기'입니다.
- lake 호수
- fantastic 환상적인

B: Mina, what did you do yesterday?
G: I went to Lake Park with my family.
B: How was it?
G: It was fantastic. I flew a kite there with my sister.
B: Wow, that sounds fun!

소년: 미나야, 너는 어제 무엇을 했니?
소녀: 나는 내 가족들과 Lake Park에 갔었어.
소년: 어땠니?
소녀: 환상적이었어. 나는 내 여동생과 거기서 연을 날렸어.
소년: 와, 그거 재미있겠다!

12 ③

John은 매일 저녁 엄마와 함께 설거지를 하고 햄스터에게 먹이를 주고 다음 날을 위해 책가방을 싼다고 했으므로, 정답은 ③ '옷 정리하기'입니다.
- feed 먹이를 주다
- pack (짐을) 싸다, 포장하다

W: John does many things every evening. He does the dishes with his mom after dinner. He feeds his hamster. He packs his school bag for the next day. He's so busy!

여자: John은 매일 저녁 많은 일들을 합니다. 그는 저녁 식사 후 엄마와 함께 설거지를 합니다. 그는 그의 햄스터에게 먹이를 줍니다. 그는 다음 날을 위해 책가방을 쌉니다. 그는 매우 바빠요!

13 ④

불을 끄고 사람들을 구한다고 하였으므로 정답은 ④ '소방관'입니다.
- reach ~에 도달[도착]하다
- put out (불을) 끄다

M: I help people in danger. I often ride in a fire truck to reach them. I put out fires and save people. It's hard work, but I love my job. Can you guess my job?

남자: 저는 위험에 처한 사람들을 돕습니다. 저는 종종 소방차를 타고 그들에게 도달합니다. 저는 불을 끄고 사람들을 구합니다. 그것은 어려운 일이지만 저는 제 직업을 좋아해요. 제 직업을 추측할 수 있습니까?

14 ①

음료 가게에서 음료를 주문하는 상황으로 정답은 ①입니다.
- order 주문하다
- wash 씻다

① M: Are you ready to order?
  G: Yes. One orange juice, please.
② M: Where can I wash my hands?
  G: The restroom is over there.
③ M: How much are the oranges?
  G: They are 10 dollars a bag.
④ M: Do you drink orange juice?
  G: No, I don't like it.

① 남자: 주문하시겠습니까?
  소녀: 네. 오렌지 주스 한 잔 주세요.
② 남자: 손을 어디에서 씻을 수 있나요?
  소녀: 화장실은 저쪽에 있습니다.
③ 남자: 오렌지들은 얼마인가요?
  소녀: 그것들은 한 자루에 10달러입니다.
④ 남자: 당신은 오렌지 주스를 마시나요?
  소녀: 아니요, 저는 그것을 좋아하지 않아요.

15 ③

여자아이가 금요일이 좋다고 하고 남자아이도 동의하였으므로 만나기로 한 요일은 ③ '금요일'입니다.
- practice 연습하다
- free 한가한, 자유로운

B: The school festival is coming up. We should practice singing for it.
G: Good idea. When are you free?
B: How about Wednesday or Friday?
G: Friday is fine with me. Let's meet after school.
B: Okay. See you on Friday.

소년: 학교 축제가 다가오고 있어. 우리는 그것을 위해서 노래를 연습해야 해.
소녀: 좋은 생각이야. 너는 언제 한가하니?
소년: 수요일이나 금요일이 어때?
소녀: 금요일이 나는 좋아. 방과 후에 만나자.
소년: 좋아. 금요일에 만나자.

정답	JUMP UP 받아쓰기(스크립트)	해석

16 ③

Ted는 자신이 가장 좋아하는 야구팀이 경기에서 이겨서 아주 행복하다고 하였으므로 정답은 ③ 'excited'입니다.

• look ~하게 보이다
• afternoon 오후

B: Hi, Amy. How are you?
G: Hi, Ted. I'm good. You look very happy.
B: I am. My favorite baseball team won this afternoon!
G: You like the Little Wolves?
B: Yes. Do you like them?
G: Yes. They're my favorite team, too.

소년: 안녕, Amy. 어떻게 지내?
소녀: 안녕, Ted. 나는 잘 지내. 너 아주 행복해 보인다.
소년: 맞아. 내가 가장 좋아하는 야구팀이 오늘 오후에 승리했어!
소녀: 너는 Little Wolves를 좋아하는구나?
소년: 응. 너는 그들을 좋아하니?
소녀: 응. 그들은 내가 가장 좋아하는 팀이기도 하거든.
① 슬픈 ② 화난 ③ 신이 난 ④ 실망한

17 ③

똑바로 두 블록을 가서 오른쪽으로 돌면 오른쪽에 있으며 꽃가게 옆에 있다고 하였으므로 정답은 ③입니다.

• go straight
  똑바로 가다, 직진하다
• next to ~ 옆에

B: Excuse me. How can I get to Bob's Bakery?
G: It's near here. Go straight two blocks and turn right.
B: Go straight two blocks and turn right?
G: Yes, it'll be on your right. It's next to the flower shop.
B: Thank you very much.
G: You're welcome.

소년: 실례합니다. Bob's Bakery에 어떻게 가나요?
소녀: 여기서 가까워요. 똑바로 두 블록을 가서 오른쪽으로 도세요.
소년: 똑바로 두 블록을 가서 오른쪽으로 돈다고요?
소녀: 네, 그것은 당신의 오른쪽에 있을 거예요. 그것은 꽃가게 옆에 있어요.
소년: 정말 고마워요.
소녀: 천만에요.

18 ①

여자아이가 함께 버스를 타고 가자고 하였고 남자아이가 좋다고 하였으므로 정답은 ① 'bus'입니다.

• get to ~에 도착하다
• subway station 지하철역

G: How are you getting to the library?
B: I don't know. The subway station is too far.
G: Why don't you take bus number 8 with me?
B: That's a good idea! See you at the bus stop at 2 p.m.
G: Great. See you soon!

소녀: 도서관에 어떻게 갈 거니?
소년: 모르겠어. 지하철역은 너무 멀어.
소녀: 나와 함께 8번 버스를 타는 게 어때?
소년: 그거 좋은 생각이야! 버스 정류장에서 오후 2시에 만나자.
소녀: 좋아. 곧 보자!
① 버스 ② 택시 ③ 기차 ④ 지하철

19 ②

지금 무엇을 하고 있는지를 물었으므로 정답은 ② 'I'm cleaning the window now.'입니다.

W: What are you doing now?

여자: 당신은 지금 무엇을 하고 있나요?
① 저는 숙제를 매일 해요.
② 저는 지금 창문을 닦고 있어요.
③ 저는 또다시 학교에 늦지 않을 거예요.
④ 저는 당신과 함께 구내식당에 갈 거예요.

20 ②

마지막에 몇 개의 양초가 필요한지를 물었으므로 정답은 ② 'I need forty five candles.'입니다.

• choice 선택
• candle 양초

M: Can I help you?
G: Yes. I want to buy this cake for my mom's birthday.
M: Good choice! How many candles do you need?

남자: 도와드릴까요?
소녀: 네. 저는 엄마의 생신을 위해 이 케이크를 사고 싶어요.
남자: 좋은 선택이에요! 양초가 몇 개 필요한가요?
① 저는 신용 카드로 지불할게요.
② 저는 45개의 양초가 필요해요.
③ 이 케이크는 저의 엄마를 위한 것이에요.
④ 저는 생일 카드를 만들 거예요.

01 ①   **02** ③   **03** ④   **04** ⑤   **05** ②

정답	스크립트	해석
01 ① Ellie는 갈색 머리에 말총머리를 하고 스카프를 맨 아이이므로 정답은 ①입니다. • next door 옆집에 • ponytail 말총머리	M: What a nice photo! Are these your classmates? G: Yes, they are. The one with the hat is my friend Rina. She lives next door. M: Oh. And which one is Ellie? You talk about her a lot. G: She's the girl with the brown hair. M: The girl with a ponytail? G: Yes, and she's wearing a scarf. M: I see. She looks nice. G: I like her a lot.	남자: 참 멋진 사진이네! 이들이 네 학급 친구들이니? 소녀: 네, 맞아요. 모자를 쓴 아이가 제 친구 Rina예요. 그 애는 옆집에 살아요. 남자: 오. 그리고 누가 Ellie이니? 너는 그 애에 대해 말을 많이 하잖아. 소녀: 그 애는 갈색 머리를 한 여자아이예요. 남자: 말총머리를 한 여자아이니? 소녀: 네, 그리고 스카프를 맸어요. 남자: 알겠다. 착하게 보이네. 소녀: 저는 그 애를 많이 좋아해요.
02 ③ 3달러인 초콜릿 머핀 두 개와 5달러인 치즈스틱 한 개를 샀으므로 지불해야 할 금액은 ③ '11달러'입니다. • each 각각 • cheese stick 치즈스틱	G: Excuse me. How much are the chocolate muffins? M: They're 3 dollars each. G: I'll take two chocolate muffins, please. And how much are the cheese sticks? M: They're 5 dollars each. G: I'll also take a cheese stick. M: Okay. Two muffins and one cheese stick. Here you are. G: Thank you. Here's 11 dollars.	소녀: 실례합니다. 초콜릿 머핀은 얼마인가요? 남자: 그것들은 하나에 3달러입니다. 소녀: 초콜릿 머핀 두 개 주세요. 그리고 치즈스틱은 얼마인가요? 남자: 그것들은 각각 5달러입니다. 소녀: 치즈스틱도 하나 주세요. 남자: 알겠어요. 초콜릿 머핀 두 개와 치즈스틱 한 개. 여기 있어요. 소녀: 감사합니다. 여기 11달러예요.
03 ④ 남자아이가 숙제를 마친 후 함께 쿠키를 굽기로 하였으므로, 정답은 ④ '쿠키 굽기'입니다. • weekend 주말 • bake (빵, 쿠키 등을) 굽다	B: Hi, Laura. What are you doing this weekend? G: I'm not sure. What about you, Hojin? B: Well, I have to do my homework first. Then I'm thinking of baking some cookies. G: That sounds fun! Can I join you? B: Sure. I'll call you after I finish my homework. G: Great. See you!	소년: 안녕, Laura. 너는 이번 주말에 뭐 할 거니? 소녀: 잘 모르겠어. 너는 무얼 하니, 호진아? 소년: 음, 나는 먼저 숙제를 해야 해. 그 다음엔 쿠키를 좀 구울까 생각 중이야. 소녀: 그거 재밌겠다! 내가 같이해도 돼? 소년: 물론이야. 내가 숙제를 마치고 전화할게. 소녀: 좋아. 그때 보자!
04 ⑤ 봉사 동아리에서 개를 산책시키는 봉사 활동을 했다고 하였으므로, 정답은 ⑤ '개 산책시키는 봉사하기'입니다. • volunteer 봉사, 봉사 활동	G: Good morning, David. B: Good morning, Jina. How was your weekend? G: It was good. My volunteer club went to the Happy Animal Center on	소녀: 안녕, David. 소년: 안녕, 지나야. 주말은 어땠어? 소녀: 좋았어. 나의 봉사 동아리가 일요일에 Happy Animal Center에 갔었어. 소년: 정말? 너희들은 거기에서 뭘 했어?

정답	스크립트	해석
• walk the dog 개를 산책시키다 • along ~을 따라서	Sunday. B: Really? What did you do there? G: We walked the dogs along the river. B: How nice! How was it? G: It was really fun. I love dogs.	소녀: 우리는 강을 따라서 개를 산책시켰어. 소년: 참 좋다! 그 일은 어땠어? 소녀: 정말 재미있었어. 나는 개를 좋아하거든.
05 ② 요가를 하고 아침을 만들고 식물에 물을 주고 Mia를 학교에 태워다 준다고 하였으므로, 정답은 ② '신문 읽기'입니다. • water 식물에 물을 주다 • drive (차로) 태워다 주다, 운전하다	G: Hi, I'm Mia. My mom is busy every morning. After she wakes up, she does yoga for 30 minutes. Then she makes breakfast for my sister and me. She waters the plants and then drives me to school. After that, she takes a rest.	소녀: 안녕하세요, 저는 Mia예요. 저의 엄마는 아침마다 바빠요. 엄마는 일어난 후, 30분 동안 요가를 해요. 그런 후에 엄마는 제 여동생과 저를 위해 아침을 만들죠. 엄마는 식물에 물을 주고 그런 다음 차로 저를 학교에 태워다 주세요. 그다음에, 엄마는 쉬신답니다.

FLY UP

본문 20~21쪽

01 A How's the weather today? / 오늘 날씨가 어떻습니까?

02 B It's 20 dollars. / 그것은 20달러입니다.

03 A What did you do yesterday? / 너는 어제 무엇을 했어?

04 B There are four chairs. / 네 개의 의자가 있습니다.

05 A What are you doing now? / 너는 지금 무엇을 하고 있니?

06 My sister likes pizza very much. / 나의 언니는[누나는/여동생은] 피자를 매우 좋아해요.

07 I flew a kite with my dad. / 나는 아빠와 함께 연을 날렸어요.

08 Daniel does the dishes after dinner. / Daniel은 저녁 식사 후 설거지를 합니다.

09 My favorite soccer team won the game. / 내가 가장 좋아하는 축구팀이 경기에 이겼어요.

10 Go straight three blocks and turn left. / 세 블록을 똑바로 가서 왼쪽으로 도세요.

SPEAK UP

본문 22쪽

01 What day is it today?

02 What are you doing this weekend?

03 The flower shop is next to the bakery.

04 You look very happy.

05 The restroom is over there.

06 How about this yellow hat?

07 I want to buy this cake for my brother's birthday.

Listen & Speak Up 2

WARM UP

A
01	umbrella, 우산	02	afraid, 무서워하는	03	gently, 부드럽게
04	return, 돌려주다, 반납하다	05	stay, 머무르다	06	boring, 지루한
07	shower, 샤워	08	mistake, 실수	09	borrow, 빌리다
10	suddenly, 갑자기				

B
01	umbrella	02	afraid	03	gently	04	return	05	stay
06	boring	07	shower	08	mistake	09	borrow	10	suddenly

LISTEN UP   JUMP UP

LISTEN UP 듣기평가 모의고사 2

01 ③	02 ①	03 ③	04 ②	05 ②	06 ①	07 ③	08 ④	09 ①	10 ③
11 ①	12 ②	13 ③	14 ②	15 ④	16 ①	17 ②	18 ①	19 ④	20 ②

정답	JUMP UP 받아쓰기(스크립트)	해석
01 ③ 그림의 장갑(들)을 나타내는 단어는 ③ 'gloves'입니다.	W: ① socks ② pants ③ gloves ④ glasses	여자: ① 양말(들) ② 바지(들) ③ 장갑(들) ④ 안경(들)
02 ① ① 'How's the weather?'는 날씨를 묻는 표현입니다. • rainy 비 오는 • feel 느끼다	M: ① How's the weather? ② Do you like rainy days? ③ How do you feel today? ④ How much is the umbrella?	남자: ① 날씨는 어떤가요? ② 당신은 비 오는 날을 좋아하나요? ③ 오늘 기분이 어떠세요? ④ 우산은 얼마인가요?
03 ③ 수영을 싫어하며 물을 무서워한다고 하였으므로, 정답은 ③입니다. • free time 여가 시간 • be afraid of ~을 무서워하다	G: Hi, I'm Laura. In my free time, I play soccer with my friends. I like playing badminton and table tennis, too. But I don't like swimming. I'm afraid of the water.	소녀: 안녕하세요, 저는 Laura예요. 제 여가 시간에, 저는 친구들과 축구를 해요. 저는 배드민턴과 탁구하기도 좋아해요. 하지만 저는 수영을 좋아하지 않아요. 저는 물을 무서워해요.
04 ② 엄마와 쇼핑을 가서 농구공을 살 것이라고 하였으므로 정답은 ② '농구공 사기'입니다. • watch a movie 영화를 보다 • go shopping 쇼핑하러 가다	B: Today, I watched a movie with my friend. Tomorrow I'm going shopping with my mom. I'll buy a basketball.	소년: 오늘, 나는 친구와 영화를 봤어요. 내일은 엄마와 쇼핑하러 갈 거예요. 나는 농구공을 살 거예요.

정답	JUMP UP 받아쓰기(스크립트)	해석

05 ②

고무이고 종이에 문지르면 쓰기 실수를 없애 주는 것은 ②입니다.
- rub 문지르다
- take away 없애다, 제거하다

W: This is a piece of rubber. You rub it gently on paper, and it takes away writing mistakes. What is it?

여자: 이것은 한 조각의 고무입니다. 여러분은 이것을 종이에 부드럽게 문지르고, 그러면 이것은 쓰기 실수들을 없애 줍니다. 이것은 무엇일까요?

---

06 ①

어디에 있는지를 물었는데, 내일 소풍을 갈 것이라고 답한 것은 자연스럽지 않으므로 정답은 ①입니다.
- picnic 소풍
- listen to music 음악을 듣다

① W: Where are you, John?
　 M: I'll go on a picnic tomorrow.
② W: What are you doing?
　 M: I'm listening to music.
③ W: How old is your brother?
　 M: He's only three years old.
④ W: How many sisters do you have?
　 M: I have just one sister.

① 여자: 어디에 있나요, John?
　 남자: 저는 내일 소풍을 갈 거예요.
② 여자: 당신은 무엇을 하고 있어요?
　 남자: 저는 음악을 듣고 있어요.
③ 여자: 당신의 남동생은 몇 살인가요?
　 남자: 그는 겨우 3살이에요.
④ 여자: 당신은 여자 형제가 몇 명이에요?
　 남자: 저는 단지 한 명의 여자 형제가 있어요.

---

07 ③

두 아이는 책을 반납하고 CD를 반납하려고 ③ '도서관에 가기'로 하였습니다.
- plan 계획
- return 반납하다, 돌려주다

G: Jake, what are you going to do this weekend?
B: I don't have any plans yet. How about you?
G: I'm going to go to the library. I have to return some books.
B: Oh, I have to return CDs. Let's go together.
G: Sounds great!

소녀: Jake, 이번 주말에 뭐 할 거니?
소년: 나는 아직 별 계획이 없어. 너는 어때?
소녀: 나는 도서관에 갈 거야. 책 몇 권을 반납해야 하거든.
소년: 오, 나는 CD를 반납해야 해. 같이 가자.
소녀: 좋아!

---

08 ④

여자는 아들을 위해 사자가 두 마리 있는 컵을 사기로 하였으므로 정답은 ④입니다.
- look for ~을 찾다

M: Hi, how may I help you?
W: Hi, I'm looking for a cup for my son.
M: Does he like animals? How about this one with a lion?
W: That's cute, but he'll like this cup with two lions more. I'll take it.

남자: 안녕하세요, 무엇을 도와드릴까요?
여자: 안녕하세요, 저는 아들을 위한 컵을 찾고 있어요.
남자: 그가 동물을 좋아하나요? 사자가 한 마리 있는 이것은 어때요?
여자: 귀엽네요, 하지만 그는 두 마리 사자가 있는 이 컵을 더 좋아할 거예요. 저는 이것으로 할게요.

---

09 ①

남자아이는 ① '감기에 걸려서' 수영을 하러 갈 수 없다고 하였습니다.
- terrible 심한, 지독한
- cough 기침하다

[Cellphone rings.]
B: Hi, Sophie. I'm sorry but I cannot go swimming with you tomorrow.
G: That's okay. Is something wrong?
B: I have a terrible cold. I'm coughing a lot. So, I need to stay home.
G: Sorry to hear that. I hope you get well soon.

[휴대 전화가 울린다.]
소년: 안녕, Sophie. 미안하지만 내일 너와 함께 수영하러 갈 수가 없어.
소녀: 그건 괜찮아. 무슨 일이 있니?
소년: 나는 심한 감기에 걸렸어. 나는 기침을 많이 해. 그래서, 나는 집에 머무를 필요가 있어.
소녀: 그 말을 들으니 안타깝다. 나는 네가 빨리 낫기를 바랄게.

---

10 ③

보라의 강아지는 작고 하얗고, 꼬리가 짧으며, 점무늬가 있는

B: Bora, which one is your puppy?
G: He's the small white puppy with the

소년: 보라야, 어느 것이 네 강아지니?
소녀: 내 강아지는 꼬리가 짧은 작고 하얀 강아지야.

정답	JUMP UP 받아쓰기(스크립트)	해석
파란 리본을 매고 있으므로 정답은 ③입니다. • ribbon 리본 • dot 점	short tail. B: Is he wearing a red ribbon? G: No, he's wearing a blue ribbon with dots. B: I see him now. He's very cute.	소년: 빨간 리본을 매고 있니? 소녀: 아니, 내 강아지는 점무늬가 있는 파란 리본을 매고 있어. 소년: 이제 네 강아지가 보인다. 아주 귀엽구나.
11 ① Kate는 아빠와 낚시를 했다고 했으므로 정답은 ① '낚시하기'입니다. • go fishing 낚시하러 가다 • exciting 신나는	M: Kate, what did you do during the vacation? G: I went fishing with my dad. M: Wow, how was it? G: It was boring at first. But later, it was exciting. I caught two fish. M: Sounds really fun!	남자: Kate, 방학 동안 무엇을 했니? 소녀: 저는 아빠와 낚시를 하러 갔어요. 남자: 와, 어땠니? 소녀: 처음에는 (그것이) 지루했어요. 하지만 나중에는, (그것이) 신이 났어요. 저는 물고기 두 마리를 잡았어요. 남자: 정말 재밌었겠다!
12 ② Jason은 일요일마다 반려견을 산책시키고, 피아노를 치고, 자기 방을 치우고 샤워를 한다고 했으므로, 정답은 ② '친구와 숙제하기'입니다. • take a shower 샤워하다 • ready 준비된	W: Jason does many things on Sundays. He walks his dog in the morning. In the afternoon, he plays the piano for an hour. In the evening, he cleans his room and takes a shower. Then he's ready for another good week.	여자: Jason은 일요일마다 많은 것을 합니다. 그는 아침에 반려견을 산책시킵니다. 오후에는, 그는 한 시간 동안 피아노를 칩니다. 저녁에는, 그는 자기 방을 청소하고 샤워를 합니다. 그리고 나면 그는 또 다른 좋은 한 주를 위한 준비가 된 것입니다.
13 ③ 치아에 관한 문제를 처리하며 치아를 뽑거나 청소한다고 하였으므로 정답은 ③ '치과 의사'입니다. • pull out 뽑다 • loose 흔들리는, 느슨한	M: I take care of problems with people's teeth. I pull out loose teeth. I clean people's teeth, too. You don't like coming to my office? Then brush your teeth after your meals!	남자: 저는 사람들의 치아에 관한 문제를 처리합니다. 저는 흔들거리는 치아를 뽑습니다. 저는 사람들의 치아를 청소해 주기도 합니다. 여러분은 제 사무실에 오는 것을 안 좋아합니까? 그러면 식사 후에 치아를 닦으세요!
14 ② 높은 책장에서 책을 꺼내 주는 상황이므로 정답은 ②입니다. • take a picture 사진을 찍다 • up to ~까지	① B: Can I take a picture here? 　W: Sorry, you cannot take pictures here. ② B: Can you get the book for me? 　W: Sure. Wait a minute. ③ B: Where is the library? 　W: It's on Purple Street. ④ B: How many books can I borrow? 　W: You can borrow up to five books.	① 소년: 제가 여기서 사진을 찍어도 되나요? 　여자: 미안하지만, 너는 여기서 사진을 찍을 수 없단다. ② 소년: 그 책을 저에게 갖다주실 수 있으세요? 　여자: 물론이지. 잠시만 기다리렴. ③ 소년: 도서관이 어디에 있나요? 　여자: 그것은 Purple Street에 있단다. ④ 소년: 얼마나 많은 책을 제가 빌릴 수 있나요? 　여자: 너는 다섯 권까지 빌릴 수 있어.
15 ④ 남자아이가 일요일 오전이 어떻겠냐고 제안하자 여자아이도 가능하다고 동의하였으므로 만나기로 한 요일은 ④ '일요일'입니다. • do one's homework 숙제를 하다	B: Let's go see a movie together. G: Okay. When can you go? B: Saturday is fine with me. G: Oh, I have to do my homework on Saturday. How about Sunday morning?	소년: 같이 영화를 보러 가자. 소녀: 좋아. 언제 갈까? 소년: 토요일이 나는 좋아. 소녀: 오, 나는 토요일에는 숙제를 해야 해. 일요일 아침은 어때? 소년: 그때도 좋아. 그때 만나자.

정답	JUMP UP 받아쓰기(스크립트)	해석

• then 그때

B: That's also good. Let's <u>meet</u> then.
G: All right. See you on Sunday!

소녀: 좋아. 일요일에 보자!

16 ①

Brian이 개를 잃어버리고 찾지 못한 상황이므로 정답은 ① 'sad'입니다.

• prepare 준비하다

• suddenly 갑자기

G: What's up, Brian?
B: I can't <u>find</u> my dog.
G: Oh, no! When did you last see her?
B: This <u>morning</u>. I was preparing to go out and she <u>suddenly</u> ran out the door.
G: Well, I'll <u>help</u> you. Let's make a lost dog poster together.

소녀: 무슨 일이야, Brian?
소년: 내 개를 찾지 못하겠어.
소녀: 오, 이런! 언제 네 개를 마지막으로 봤니?
소년: 오늘 아침이었어. 내가 나가려고 준비를 하고 있었는데 갑자기 개가 문 밖으로 달렸어.
소녀: 자, 내가 도와줄게. 잃어버린 개 포스터를 같이 만들자.
① 슬픈 ② 지루한 ③ 행복한 ④ 신이 난

17 ②

목적지는 부산이고, 2시 기차표는 매진이며, 2시 15분 기차표는 가능하다고 하였으므로 정답은 ②입니다.

• train ticket 기차표

• sold out 매진된, 다 팔린

W: Are there any <u>train</u> tickets to Busan for 2 p.m. left?
M: Sorry, they're sold out. But we have tickets for the 2:15 <u>train</u>.
W: That works. <u>Two</u> tickets, please.
M: Okay. Here you are. Have a nice <u>trip</u>!

여자: 부산으로 가는 오후 2시 기차표가 남아 있나요?
남자: 미안합니다만, 매진이에요. 하지만 (우리는) 2시 15분 기차표는 있어요.
여자: 그것이면 되겠어요. 2장 주세요.
남자: 네. 여기 있어요. 즐거운 여행 되세요!

18 ①

여자아이가 아이스크림을 사다 달라고 부탁하였고 Sam이 아이스크림 가게에 들른다고 하였으므로 정답은 ① 'ice cream shop'입니다.

• on one's way home 집으로 가는 길에

• drop by ~에 들르다

[Cellphone rings.]
G: Sam, <u>where</u> are you?
B: I'm on Oak Street. I'm on my way <u>home</u>.
G: Then could you <u>buy</u> some ice cream, please?
B: Okay. I can <u>drop</u> by the ice cream shop. What kind of ice cream do you want?
G: Strawberry, please. Thank you.

[휴대 전화가 울린다.]
소녀: Sam, 어디에 있어?
소년: 나는 Oak Street에 있어. 집으로 가는 길이야.
소녀: 그러면 아이스크림을 좀 살 수 있니?
소년: 좋아. 나는 아이스크림 가게에 들를 수 있어. 어떤 종류의 아이스크림을 원하니?
소녀: 딸기로 부탁해. 고마워.
① 아이스크림 가게 ② 서점 ③ 빵집 ④ 학교

19 ④

내일 무엇을 할지 물었으므로 정답은 ④ 'I'll practice taekwondo tomorrow.'입니다.

W: What are you going to do <u>tomorrow</u>?

여자: 당신은 내일 무엇을 할 건가요?
① 저는 지금 바로 설거지를 할 거예요.
② 저는 당신과 함께 갈 수 없어요. 죄송해요.
③ 저는 식사 후에 숙제를 해요.
④ 저는 내일 태권도를 연습할 거예요.

20 ②

체스를 함께하기로 하고 어디에서 만날지 물었으므로 정답은 ② 'You can come over to my house.'입니다.

• chess 체스

• meet 만나다

M: Would you play <u>chess</u> with me this <u>afternoon</u>?
W: Yeah, I can meet you at 2 p.m.
M: That's <u>good</u> for me. Where shall we <u>meet</u>?

남자: 오늘 오후에 나와 함께 체스를 하겠니?
여자: 그래, 나는 너를 오후 2시에 만날 수 있어.
남자: 나도 좋아. 어디에서 만나지?
① 내가 나의 새 체스판을 가져갈게.
② 네가 우리 집으로 와도 돼.
③ 나는 체스하는 것을 더 이상 좋아하지 않아.
④ 내일 밤에 만나면 좋겠어.

정답	스크립트	해석

01 ⑤

이모의 생신 파티에 가족 모두가 모였고 노래를 불렀다고 하였으므로 정답은 ⑤ '이모 생신 파티에 참가해서'입니다.

• miss 빼먹다, 놓치다
• whole 모든, 전체의

B: Sora, you missed your piano lesson yesterday. Were you sick?
G: No, I was at my aunt's. It was her 70th birthday.
B: Oh! Did you have a party?
G: Yes. We had a big party. My whole family was there.
B: Wow! How was the party?
G: Really fun. There was a lot of good food, and I sang a song for my aunt. Everyone loved it.
B: Sounds like a great time!

소년: 소라야, 너는 어제 피아노 수업을 오지 않았어. 너는 아팠니?
소녀: 아니, 나는 이모 댁에 있었어. 이모의 70번째 생신이었거든.
소년: 오! 파티를 했니?
소녀: 응. 우리는 큰 파티를 했어. 우리 가족 모두가 거기에 있었지.
소년: 와! 파티는 어땠어?
소녀: 정말 재미있었어. 좋은 음식이 많았고, 나는 이모를 위해 노래를 불렀어. 모두들 그것을 좋아했어.
소년: 멋진 시간이었네!

02 ③

8달러인 블루베리 파이 한 개와 4달러인 레몬 머핀 두 개를 샀으므로 ③ '16달러'를 지불해야 합니다.

• blueberry pie
  블루베리 파이
• fresh 신선한

W: Hi, can I help you?
B: Yes. How much is this blueberry pie?
W: That one's eight dollars.
B: I'll take it. And how much are your lemon muffins?
W: They're 4 dollars each. They're really fresh.
B: Okay. I'll take 2 muffins.
W: Do you want anything to drink?
B: No, thank you. Here's 16 dollars.

여자: 안녕하세요, 무엇을 도와드릴까요?
소년: 네. 이 블루베리 파이는 얼마인가요?
여자: 그것은 8달러예요.
소년: 저는 그것을 살게요. 그리고 레몬 머핀은 얼마인가요?
여자: 그것들은 한 개에 4달러예요. 그것들은 정말 신선해요.
소년: 네. 저는 머핀 두 개를 살게요.
여자: 마실 것이 필요하세요?
소년: 아니요, 괜찮아요. 여기 16달러가 있어요.

03 ②

Tom이 과학책을 집에 두고 와서 엄마에게 가져다 달라고 부탁을 하였으므로 정답은 ② '과학책 가져다주기'입니다.

• forget 잊다
• bring 가지고 오다

[Cellphone rings.]
W: What's up, Tom?
B: Hi, Mom. I'm sorry. I forgot my science book.
W: Oh, no. Do you need it today?
B: Yes. Could you please bring it to school?
W: Sure. Where is it?
B: It's on my desk. Can you bring it to the front doors of the school at 10 a.m.?
W: No problem. I'll be there by 10.

[휴대 전화가 울린다.]
여자: 무슨 일이야, Tom?
소년: 안녕하세요, 엄마. 죄송해요. 제가 과학책을 깜빡했어요.
여자: 오, 이런. 그게 오늘 필요하니?
소년: 네. 그것을 학교로 가져다주실 수 있으세요?
여자: 물론이야. 어디에 있지?
소년: 제 책상 위예요. 학교 정문으로 오전 10시에 가져다주실 수 있으세요?
여자: 문제없어. 10시까지 갈게.

04 ②

남자아이의 가방은 주머니가 네 개 달린 파란 가방이고, 테디 베어 열쇠고리가 달린 것이라고 하였으므로 정답은 ②입니다.

B: Hi. I'm looking for my backpack.
W: Okay, what does it look like?
B: It's blue with four pockets.
W: There are three blue backpacks.

소년: 안녕하세요. 제 가방을 찾고 있습니다.
여자: 네, 어떻게 생겼죠?
소년: 네 개의 주머니가 달린 파란색이에요.
여자: 파란 가방이 세 개가 있네요. 어느 것이 당신

정답	스크립트	해석
• pocket 주머니 • yours 너의 것 • key ring 열쇠고리	Which one is yours? B: Mine is the one with the Teddy bear key ring. W: Okay. Here you go. B: Thank you so much.	것이에요? 소년: 제 것은 테디 베어 열쇠고리가 달린 것이에요. 여자: 좋아요. 여기 있어요. 소년: 정말 감사합니다.
05 ④ 민호는 보드게임 하기, 역사책 읽기, 드론 날리기, 자전거 타기를 좋아한다고 하였으므로 정답은 ④ '동물 돌보기'입니다. • history 역사 • lastly 마지막으로	B: Hi, I'm Minho. I like playing board games. I play board games with my sister every weekend. I also read books. I like reading history books. I like flying drones, too. I fly them near my house. Lastly, I like riding bikes. I can go very fast on my bike.	소년: 안녕하세요, 저는 민호예요. 저는 보드게임 하기를 좋아해요. 저는 여동생과 함께 주말마다 보드게임을 해요. 저는 책도 읽어요. 저는 역사책 읽기를 좋아해요. 저는 드론 날리기도 좋아해요. 저는 그것들을 집 근처에서 날려요. 마지막으로, 저는 자전거 타기를 좋아해요. 저는 자전거를 타고 아주 빠르게 갈 수 있어요.

FLY UP

본문 34~35쪽

01 A Where are you? / 당신은 어디에 있습니까?

02 B I'm looking at the map. / 저는 지도를 보고 있습니다.

03 A How many sisters do you have? / 당신은 여자 형제가 몇 명이나 있나요?

04 B Yes, you can take pictures here. / 네, 당신은 여기에서 사진을 찍을 수 있습니다.

05 A What did you do during the vacation? / 너는 방학 동안 무엇을 했니?

06 I'm looking for my puppy. / 나는 나의 강아지를 찾고 있어요.

07 He is ready for another good week. / 그는 또 다른 좋은 한 주를 위한 준비가 되었습니다.

08 He walks his dog on Sunday morning. / 그는 일요일 아침에 그의 개를 산책시킵니다.

09 What are you going to do this weekend? / 너는 이번 주말에 무엇을 할 거니?

10 I have to do my homework on Saturday. / 나는 토요일에는 숙제를 해야 해요.

SPEAK UP

본문 36쪽

01 How old is your brother?

02 How about Friday evening?

03 Sue went swimming with her mom.

04 I have to return some books.

05 Is she wearing a red ribbon?

06 Brush your teeth after meals.

07 How much is the apple pie?

Listen & Speak Up 3

WARM UP

A
01 birthday, 생일
02 bring, 가져오다
03 meet, 만나다
04 turtle, 거북이
05 present, 선물
06 Saturday, 토요일
07 feed, 먹이를 주다
08 famous, 유명한
09 worried, 걱정스러운
10 get to, ~에 도착하다

B
01 birthday
02 bring
03 meet
04 turtle
05 present
06 Saturday
07 feed
08 famous
09 worried
10 get to

LISTEN UP | JUMP UP

LISTEN UP   듣기평가 모의고사 3

01 ③	02 ④	03 ③	04 ②	05 ③	06 ②	07 ④	08 ②	09 ④	10 ①
11 ④	12 ①	13 ①	14 ③	15 ③	16 ④	17 ②	18 ②	19 ④	20 ②

정답	JUMP UP 받아쓰기(스크립트)	해석
01 ③ 그림의 양배추를 나타내는 단어는 ③ 'cabbage'입니다.	W: ① carrot ② tomato ③ cabbage ④ cucumber	여자: ① 당근 ② 토마토 ③ 양배추 ④ 오이
02 ④ ④ 'Where do you live?'는 사는 곳을 묻는 표현입니다. • move 이사하다, 이동하다 • live 살다	M: ① How old are you? ② When do you move? ③ What's your name? ④ Where do you live?	남자: ① 당신은 몇 살인가요? ② 당신은 언제 이사하세요? ③ 당신의 이름은 무엇인가요? ④ 당신은 어디에 사세요?
03 ③ 수박을 가장 좋아한다고 하였으므로, 정답은 ③입니다. • fruit 과일 • cool down 식히다	G: I love fruit. My favorite fruit is watermelon. In the hot summer, watermelon cools me down.	소녀: 나는 과일을 좋아해요. 내가 가장 좋아하는 과일은 수박이에요. 더운 여름에, 수박은 나를 시원하게 해 줘요.
04 ② 그린 것을 오릴 때 필요한 물건이므로 정답은 ② '가위'입니다. • candle 양초 • color 색칠하다	M: Jinsu makes a birthday card for Mina. He draws a birthday cake and candles. He colors the card with colored pencils. Now he's going to cut them. What does he need?	남자: 진수는 미나를 위해 생일 카드를 만듭니다. 그는 생일 케이크와 양초를 그립니다. 그는 카드를 색연필로 색칠합니다. 이제 그는 그것들을 오리려고 합니다. 그는 무엇이 필요한가요?
05 ③ 책과 필통을 담아 등에 메고 학교에 가는 것은 ③입니다.	W: In the morning, you put your books and pencil case in this. You then put	여자: 아침에 여러분은 여러분의 책과 필통을 이것에 넣습니다. 그리고 나서 여러분은 이것을

정답	JUMP UP 받아쓰기(스크립트)	해석
• pencil case 필통 • back 등, 뒤	it on your back and you go to school. What is it?	등에 메고 학교에 갑니다. 이것은 무엇일까요?

06 ②

이름이 무엇인지 물었는데, 두 명의 여자 형제가 있다고 답한 것은 자연스럽지 않으므로 정답은 ②입니다.
• great 매우 좋은
• Wednesday 수요일

① W: May I help you?
　M: Yes, please.
② W: What's your name?
　M: I have two sisters.
③ W: How are you doing?
　M: I'm doing great. And you?
④ W: What day is it today?
　M: It's Wednesday.

① 여자: 도와드릴까요?
　남자: 네, 도와주세요.
② 여자: 이름이 무엇인가요?
　남자: 여자 형제가 두 명 있어요.
③ 여자: 어떻게 지내세요?
　남자: 잘 지내요. 당신은요?
④ 여자: 오늘이 무슨 요일이죠?
　남자: 수요일이에요.

07 ④

두 사람은 함께 콘서트에 가기 위해 ④ '버스 정류장'에서 만나기로 하였습니다.
• bus stop 버스 정류장
• perfect 완벽한

M: Kelly, I have two tickets for the Seven Girls concert. Would you like to go with me?
W: I'd love to. Thanks!
M: Where should we meet?
W: How about meeting at the bus stop? We have to take the bus there.
M: Okay. That's perfect.

남자: Kelly, 나는 Seven Girls 콘서트 티켓이 두 장 있어. 나와 함께 갈래?
여자: 그러고 싶어. 고마워!
남자: 어디에서 만날까?
여자: 버스 정류장에서 만나는 게 어때? 거기에서 버스를 타야 해.
남자: 좋아. 그러면 되겠다.

08 ②

남자아이는 여동생을 위해 거북이 인형을 사려고 했다가, 마음을 바꿔서 토끼 인형을 사겠다고 했으므로 정답은 ②입니다.
• secondhand 중고의
• instead 대신에

W: Hi, welcome to Secondhand Toys. Everything here is one dollar.
B: Great. I'd like this toy turtle for my sister.
W: It's very cute.
B: Sorry, I changed my mind. I'll take this toy rabbit instead. My sister loves rabbits.

여자: 안녕하세요, Secondhand Toys에 오신 걸 환영해요. 여기는 모든 것이 1달러예요.
소년: 좋아요. 저는 제 여동생을 위해 이 거북이 인형을 사고 싶어요.
여자: 그건 아주 귀엽죠.
소년: 죄송해요, 제가 마음을 바꿨어요. 저는 대신에 이 토끼 인형을 살게요. 제 여동생은 토끼를 좋아해요.

09 ④

Peter는 ④ '아빠 생신 선물을 사기 위해' 쇼핑몰에 간다고 하였습니다.
• present 선물
• hope 바라다, 희망하다

G: Peter, do you have time to hang out?
B: I'm sorry, Jane. I have to go to the mall.
G: Why are you going there?
B: My dad's birthday is coming up. I'm going to buy a present for him.
G: Okay. I hope you find a nice present for your dad.

소녀: Peter, 나와 같이 놀 수 있어?
소년: 미안해, Jane. 나는 쇼핑몰에 가야 해.
소녀: 쇼핑몰에 왜 가니?
소년: 아빠의 생신이 다가오거든. 아빠를 위한 선물을 사려고 해.
소녀: 알겠어. 아빠를 위한 좋은 선물을 찾길 바라.

10 ①

민호는 시소에서 놀고, 안경은 쓰지 않았으며, 모자를 쓰고 있다고 했으므로 정답은 ①입니다.
• playground 놀이터, 운동장

W: There are many boys on the playground. Which one is your son, Minho?
M: He's over there. He's playing on the

여자: 놀이터에 남자아이들이 많이 있네요. 누가 당신의 아들 민호인가요?
남자: 그 애는 저쪽에 있어요. 시소에서 놀고 있네요.
여자: 그는 안경을 썼나요?

정답	JUMP UP 받아쓰기(스크립트)	해석

• seesaw 시소

seesaw.
W: Is he wearing glasses?
M: No, he's not. He's wearing a cap.
W: I see him now. He looks happy.

남자: 아니요, 안 썼어요. 모자를 쓰고 있어요.
여자: 이제 그를 알겠어요. 그는 행복해 보여요.

11 ④

Sue는 토요일에 태권도 대회에 참가했다고 했으므로 정답은 ④ '태권도 대회 참가하기'입니다.

• competition 대회
• medal 메달

B: Sue, what did you do on Saturday?
G: I went to the gym for my taekwondo competition.
B: A taekwondo competition?
G: Yes, I signed up for it a while ago. I won a medal.
B: Wow, congratulations!

소년: Sue, 토요일에 무엇을 했니?
소녀: 나는 태권도 대회를 위해 체육관에 갔었어.
소년: 태권도 대회?
소녀: 응, 내가 얼마 전에 대회에 등록했거든. 나는 메달을 땄어.
소년: 와, 축하해!

12 ①

금붕어에게 먹이를 주고, 방을 청소하고, 여동생을 어린이집에 바래다준다고 했으므로 정답은 ① '운동하기'입니다.

• goldfish 금붕어
• daycare center 어린이집

W: Taehoon does a lot of things every morning. He feeds his goldfish. He cleans up his room. He also takes his younger sister to her daycare center.

여자: 태훈이는 아침마다 많은 일을 합니다. 그는 금붕어에게 먹이를 줍니다. 그는 방을 청소합니다. 그는 또한 여동생을 어린이집에 바래다줍니다.

13 ①

유명한 사람을 인터뷰하고 신문에 글을 쓰며 사진도 찍는다고 하였으므로 정답은 ① '기자'입니다.

• interview 인터뷰하다
• newspaper 신문

M: I meet famous people and interview them. I write about them in the newspaper. I sometimes take pictures of them, too.

남자: 저는 유명한 사람들을 만나고 그들을 인터뷰합니다. 저는 그들에 대해 신문에 씁니다. 저는 때로는 그들의 사진을 찍기도 합니다.

14 ③

아이스크림을 하나 건네주고 있는 상황이므로 정답은 ③입니다.

• dollar 달러
• please 부디, 제발

① B: How much is the ice cream?
　G: It's three dollars.
② B: Can you make ice cream?
　G: No, I can't.
③ B: Here's your ice cream.
　G: Thank you!
④ B: What would you like?
　G: One ice cream, please.

① 소년: 아이스크림 얼마니?
　소녀: 3달러야.
② 소년: 너는 아이스크림을 만들 수 있니?
　소녀: 아니, 나는 못해.
③ 소년: 여기 네 아이스크림이 있어.
　소녀: 고마워!
④ 소년: 무엇을 먹을래?
　소녀: 아이스크림 하나 부탁해.

15 ③

두 아이는 방과 후에 함께 농구를 하기 위해 ③ '2시'에 체육관에서 만나기로 하였습니다.

• after school 방과 후
• o'clock 정각

G: Let's play basketball after school.
B: Good idea! What time shall we meet?
G: How about at 2 o'clock?
B: Okay. Let's meet at the gym at 2.
G: See you there!

소녀: 방과 후에 농구를 하자.
소년: 좋은 생각이야! 몇 시에 만나지?
소녀: 두 시는 어때?
소년: 좋아. 체육관에서 두 시에 만나자.
소녀: 거기에서 봐!

16 ④

선호는 자신의 개가 먹지 않아서 걱정하고 있으므로 정답은 ④

G: Sunho, what's up?
B: I'm worried. My dog isn't eating at

소녀: 선호야, 무슨 일이야?
소년: 나는 걱정이 돼. 내 개가 전혀 먹지 않아.

정답	JUMP UP 받아쓰기(스크립트)	해석
'worried'입니다. • worried 걱정하는 • sick 아픈	all. G: Really? Is he sick? B: I think so. I need to take him to an animal doctor. G: Good idea, but don't worry too much. I'm sure he'll be fine.	소녀: 정말? 개가 아프니? 소년: 그런 것 같아. 동물 병원에 데려가야겠어. 소녀: 좋은 생각이야, 하지만 너무 걱정하지 마. 분명 네 개는 괜찮을 거야. ① 행복한 ② 화난 ③ 신이 난 ④ 걱정하는
17 ② 과학 박물관은 한 블록 곧장 가서 왼쪽으로 돌면 오른쪽에 있다고 했으므로 정답은 ②입니다. • get to ~에 도착하다 • science museum 과학 박물관 • next to ~의 바로 옆에	B: Excuse me. How can I get to the science museum? W: Go straight one block and turn left. It'll be on your right. B: Go one block and turn left? W: Yes. It'll be on your right. It's next to the ice cream shop. B: I see. Thank you. W: My pleasure.	소년: 실례합니다. 과학 박물관에 어떻게 가나요? 여자: 한 블록 곧장 가서 왼쪽으로 도세요. 그것은 당신의 오른쪽에 있을 거예요. 소년: 한 블록 가서 왼쪽으로 돌면 되는 거죠? 여자: 네. 그것은 당신의 오른쪽에 있을 거예요. 그건 아이스크림 가게 바로 옆에 있어요. 소년: 알겠어요. 감사합니다. 여자: 천만에요.
18 ② 남자아이는 자전거로 가고 Jane은 엄마가 차로 데려다주신다고 하였으므로 정답은 ② 'car'입니다. • movie theater 영화관, 극장 • away 떨어져	G: Tomorrow is movie night! How would you get to the movie theater? B: I'll ride my bike. It's only 5 minutes away. G: Really? That's quite near. B: Yeah. How about you, Jane? G: My mom will drive me there.	소녀: 내일이 영화 보는 밤이야! 너는 영화관에 어떻게 갈 거야? 소년: 나는 자전거를 탈 거야. 겨우 5분 거리야. 소녀: 정말? 참 가깝구나. 소년: 응. 너는 어때, Jane? 소녀: 엄마가 차로 데려다주실 거야. ① 버스 ② 차 ③ 택시 ④ 자전거
19 ④ 여동생이 몇 살인지 물었으므로 정답은 ④ 'She's six years old.'입니다.	W: How old is your little sister?	여자: 당신의 여동생은 몇 살인가요? ① 그녀는 귀엽지 않아요. ② 저는 여자 형제가 두 명 있어요. ③ 그녀의 이름은 Kate예요. ④ 그녀는 여섯 살이에요.
20 ② 어떤 종류의 김밥을 먹을지에 대한 답을 하는 상황이므로 정답은 ② 'I'd like cheese gimbap.'입니다. • lunch 점심 식사 • sandwich 샌드위치	M: What do you want for lunch, Somin? G: Dad, I want gimbap for lunch. M: Okay. What kind of gimbap would you like?	남자: 점심으로 무엇을 먹을래, 소민아? 소녀: 아빠, 저는 점심으로 김밥을 먹을래요. 남자: 좋아. 어떤 종류의 김밥을 먹고 싶니? ① 저는 지금 배가 고프지 않아요. ② 저는 치즈김밥을 먹고 싶어요. ③ 저는 김밥을 전혀 좋아하지 않아요. ④ 저는 계란 샌드위치를 제일 좋아해요.

01 ⑤ **02** ⑤ **03** ④ **04** ③ **05** ①

정답	스크립트	해석
01 ⑤ 등 축제가 토요일에 호수 공원에서 열리고 저녁에 함께 가기로 하였으므로 정답은 ⑤ '등 축제에 가기'입니다. • lantern 등, 랜턴 • beautiful 아름다운	M: The lantern festival is this Saturday. W: Wow! That sounds fun. Where is the festival? M: It's at Lake Park. Let's go together. W: Okay. What time should we meet? M: How about meeting at 7? The lanterns are more beautiful in the evening. W: Sure. I can't wait!	남자: 등 축제가 이번 토요일이야. 여자: 와우! 재밌겠다. 축제가 어디에서 있니? 남자: Lake Park야. 같이 가자. 여자: 좋아. 언제 만나면 될까? 남자: 7시가 어때? 등이 저녁에 더 아름답잖아. 여자: 물론이야. 빨리 가고 싶다!
02 ⑤ Grace의 자전거 바퀴에 바람이 빠져서 수리를 하러 두 아이는 ⑤ '자전거 가게'에서 만나기로 했습니다. • flat tire 바람 빠진 타이어 • take care of ~을 돌보다	[Cellphone rings.] G: Hi, Frank. what's up? B: Hi, Grace. Would you like to go for a bike ride in the park this afternoon? G: I'd love to, but I have to fix my bike first. I have a flat tire. B: Oh, then let's meet at the bike shop. They'll take care of your bike. G: Good idea. Let's meet there at two. B: Okay. See you!	[휴대 전화가 울린다.] 소녀: 안녕, Frank, 무슨 일이야? 소년: 안녕, Grace. 오늘 오후에 공원에 자전거를 타러 갈래? 소녀: 그러고 싶지만, 나는 먼저 자전거 수리를 해야 해. 바퀴에 바람이 빠졌어. 소년: 오, 그러면 자전거 가게에서 만나자. 그들이 네 자전거를 돌봐 줄 거야. 소녀: 좋은 생각이야. 두 시에 만나자. 소년: 좋아. 이따 보자!
03 ④ 호진이의 할머니는 아침마다 날씨를 확인하고, 친구들과 운동을 하고, 식물을 돌보고, 차를 마신다고 했으므로 정답은 ④ '강아지 산책 시키기'입니다. • exercise 운동하다 • plant 식물	G: Hojin's grandma gets up early every morning. She checks the weather on TV. Then she exercises for an hour with her friends. She takes care of her plants, too. Finally, she drinks hot tea. Her day begins like this every day.	소녀: 호진이의 할머니는 매일 아침 일찍 일어나십니다. 그녀는 TV에서 날씨를 확인합니다. 그 후에 그녀는 친구들과 한 시간 동안 운동을 합니다. 그녀는 식물도 돌봅니다. 마지막으로 그녀는 뜨거운 차를 한 잔 마십니다. 그녀의 하루는 매일 이렇게 시작합니다.
04 ③ 감자, 양파, 계란, 빵, 버터, 마요네즈가 필요하다고 하였으므로 정답은 ③입니다. • onion 양파 • boil 끓이다	B: Julia, let's start making the sandwiches. What do we need? G: Let me think.... We need potatoes and onions. B: Okay, is there anything else we need? G: Oh! We need some eggs, too. We'll boil them. B: I can get the eggs. Is that all? G: No, we need bread, butter, and mayonnaise. That's all. B: Okay. Let's get started.	소년: Julia, 샌드위치 만들기를 시작하자. 무엇이 필요하지? 소녀: 생각을 해볼게…. 우리는 감자와 양파가 필요해. 소년: 알겠어, 다른 필요한 것이 있을까? 소녀: 오! 우리는 계란도 필요해. 그것들을 삶을 거야. 소년: 내가 계란을 가져올 수 있어. 그게 전부니? 소녀: 아니, 우리는 빵, 버터, 마요네즈가 필요해. 그게 전부야. 소년: 그래. 시작하자.

정답	스크립트	해석

05 ①

도서관에서 방문객들을 도와주고, 책과 잡지를 제자리에 두고, 사람들이 책을 찾게 도와준다고 했으므로 정답은 ① '사서'입니다.
• magazine 잡지
• guess 추측하다

M: I help visitors in the library. I put books and magazines in the right place. I help people find books. Sometimes I hold library events. Can you guess my job?

남자: 저는 도서관에서 방문객들을 도와줍니다. 저는 책과 잡지를 제자리에 두지요. 저는 사람들이 책을 찾도록 도와줍니다. 때로는 저는 도서관 행사도 열어요. 제 직업을 추측할 수 있겠어요?

 **FLY UP**

본문 48~49쪽

01   A   How are you doing? / 당신은 어떻게 지내세요?

02   B   I did yoga in the gym. / 나는 체육관에서 요가를 했어.

03   A   How much is the ice cream? / 아이스크림은 얼마인가요?

04   B   How about at 2 o'clock? / 두 시가 어떨까요?

05   A   What do you want for lunch? / 너는 점심으로 무엇을 원하니?

06   He feeds his goldfish. / 그는 자신의 금붕어에게 먹이를 줍니다.

07   I'll take this toy rabbit. / 나는 이 토끼 인형을 사겠어요.

08   He is going to cut them. / 그는 그것들을 자를 것입니다.

09   My favorite fruit is watermelon. / 내가 가장 좋아하는 과일은 수박입니다.

10   I sometimes take pictures of them. / 나는 때로는 그들의 사진을 찍습니다.

 **SPEAK UP**

본문 50쪽

01   Where do you live?

02   You bring the book to school.

03   Can you make ice cream?

04   It'll be on your left.

05   What's your friend's name?

06   He is wearing a yellow cap.

07   My mom will drive me there.

Listen & Speak Up 4

A
01 paint, (색을 칠해) 그리다　　02 kitchen, 부엌　　03 cookie, 쿠키
04 afternoon, 오후　　05 scarf, 스카프　　06 visit, 방문하다
07 animal, 동물　　08 Thursday, 목요일　　09 market, 시장
10 ready, 준비된

B
01 paint　　02 kitchen　　03 cookie　　04 afternoon　　05 scarf
06 visit　　07 animal　　08 Thursday　　09 market　　10 ready

LISTEN UP　JUMP UP

LISTEN UP　듣기평가 모의고사 4

01 ③	02 ②	03 ③	04 ④	05 ①	06 ④	07 ③	08 ①	09 ②	10 ①
11 ②	12 ③	13 ④	14 ①	15 ③	16 ①	17 ③	18 ②	19 ④	20 ②

정답	JUMP UP 받아쓰기(스크립트)	해석

01 ③
그림의 마시는 동작을 나타내는 단어는 ③ 'drink'입니다.

W: ① run　② cook
　③ drink　④ sleep

여자: ① 달리다　② 요리하다
　③ 마시다　④ 잠자다

02 ②
② 'How much is it?'은 가격이 얼마인지 묻는 표현입니다.
· buy 사다, 구입하다

M: ① Can I buy it?
　② How much is it?
　③ What do you want to buy?
　④ Do you want to buy it?

남자: ① 제가 그것을 사도 될까요?
　② 그것은 얼마인가요?
　③ 당신은 무엇을 사고 싶으세요?
　④ 당신은 그것을 사고 싶으세요?

03 ③
초록색을 가장 많이 사용하였고 가장 좋아한다고 하였으므로 정답은 ③입니다.
· purple 보라색
· most 가장 많이

G: I painted a picture. I used red, yellow, green, and purple. I used green the most. It's my favorite color.

소녀: 나는 그림을 그렸어요. 나는 빨간색, 노란색, 초록색, 그리고 보라색을 사용했어요. 나는 초록색을 가장 많이 사용했어요. 그게 내가 가장 좋아하는 색이에요.

04 ④
자가 없고 필요하다고 하였으므로 정답은 ④ '자'입니다.
· eraser 지우개
· glue stick 고체형 풀

B: I have many things in my pencil case. I have five pencils, two erasers, and a glue stick. But I don't have a ruler. I need one.

소년: 나는 필통 속에 많은 것들이 있어요. 나는 다섯 자루의 연필, 두 개의 지우개, 그리고 한 개의 고체형 풀이 있어요. 하지만 나는 자가 없어요. 나는 자가 하나 필요해요.

05 ①
부엌에서 입는 것으로, 옷을 깨끗하게 유지하게 해 주며 요리 후에는

W: You wear this in the kitchen. It covers your clothes, so you can stay clean.

여자: 여러분은 부엌에서 이것을 입습니다. 이것은 여러분의 옷을 덮어 주고, 그래서 여러분은

정답	JUMP UP 받아쓰기(스크립트)	해석

벗는 것이므로 정답은 ①입니다.
- kitchen 부엌
- take off (옷, 신발 등을) 벗다

After cooking, you take it off. What is it?

깨끗하게 유지할 수 있습니다. 요리 후에는, 여러분은 이것을 벗습니다. 이것은 무엇일까요?

06 ④
펜을 써도 될지 허락을 구하는 질문에 대해, 자신이 쓸 수 있다고 답한 것은 자연스럽지 않으므로 정답은 ④입니다.
- mine 나의 것
- use 쓰다, 사용하다

① W: Can you swim?
   M: No, I can't.
② W: Who is this boy?
   M: He's my brother.
③ W: Is this your book?
   M: Yes, it's mine.
④ W: Can I use your pen?
   M: Yes, I can use it.

① 여자: 수영할 수 있으세요?
   남자: 아니요, 할 수 없습니다.
② 여자: 이 남자아이는 누구입니까?
   남자: 그는 제 남동생입니다.
③ 여자: 이것은 당신의 책인가요?
   남자: 네, 그것은 제 것이에요.
④ 여자: 당신의 펜을 써도 될까요?
   남자: 네, 저는 그것을 쓸 수 있어요.

07 ③
두 사람은 Tina의 생일을 위해 함께 쿠키를 만들기로 했으므로 정답은 ③ '쿠키 만들기'입니다.
- something 어떤 것
- cookie 쿠키

M: Tomorrow is Tina's birthday.
W: Yeah, let's make something for her.
M: What should we make?
W: How about some cookies?
M: Great idea! She loves cookies.

남자: 내일이 Tina의 생일이네요.
여자: 네, 그녀를 위해 뭔가를 만들도록 해요.
남자: 무엇을 만들죠?
여자: 쿠키는 어때요?
남자: 좋아요! 그녀는 쿠키를 좋아해요.

08 ①
여자아이의 우산은 파란색이고 점무늬가 있다고 하였으므로 정답은 ①입니다.
- dot 점
- pattern 무늬, 패턴

M: Hello. This is the lost and found. How may I help you?
G: Hi, I lost my umbrella. It's blue.
M: Hmm.... Can you tell me more about it?
G: It has a dot pattern on it.
M: Oh, I think we have it. Here you are.

남자: 안녕하세요. 분실물 보관소입니다. 무얼 도와드릴까요?
소녀: 안녕하세요, 저는 우산을 잃어버렸어요. 그건 파란색이에요.
남자: 흠…. 그것에 대해 조금 더 말씀해 주실래요?
소녀: 그것은 점무늬가 있어요.
남자: 오, 우리에게 그것이 있는 것 같아요. 여기 있어요.

09 ②
남자아이가 수영하러 갈 수 없는 이유는 ② '주말농장에 가야해서'라고 하였습니다.
- go swimming 수영하러 가다
- weekend farm 주말농장

G: Let's go swimming this afternoon.
B: I'm sorry, but I can't go.
G: That's okay, but why?
B: I'm going to go to a weekend farm with my family.
G: Sounds fun. Have a good time!

소녀: 오늘 오후에 수영하러 가자.
소년: 미안하지만, 난 갈 수가 없어.
소녀: 괜찮아, 그런데 왜?
소년: 나는 가족과 함께 주말농장에 가기로 했어.
소녀: 재밌겠다. 좋은 시간 보내렴!

10 ①
남동생은 갈색 곱슬머리에 스카프를 했다고 하였으므로 정답은 ①입니다.
- curly 곱슬머리의, 곱슬곱슬한
- scarf 스카프, 목도리

G: Jim, this is a picture of my brother and his friends.
B: They all look happy. Which one is your brother?
G: He's right here. He has curly brown hair.
B: I see. He's wearing a scarf, right?
G: Yes, he is.

소녀: Jim, 이것은 내 남동생과 그의 친구들 사진이야.
소년: 다들 즐거워 보이네. 누가 네 남동생이야?
소녀: 그는 바로 여기 있어. 그는 갈색 곱슬머리야.
소년: 알겠어. 그는 스카프를 했네, 맞지?
소녀: 응, 맞아.

정답	JUMP UP 받아쓰기(스크립트)	해석

11 ②

주말에 춤 연습을 한다고 하였으므로 정답은 ② '춤 연습하기'입니다.

• next month 다음 달
• awesome 멋진, 근사한

B: Laura, do you have any plans for the weekend?
G: Yes, I have dance practice.
B: Do you like it?
G: Yes, but it's hard. I'm going to dance at the school festival next month.
B: Wow, that's awesome!

소년: Laura, 주말에 어떤 계획이 있어?
소녀: 응, 나는 춤 연습이 있어.
소년: 그거 재미있니?
소녀: 응, 하지만 어려워. 나는 다음 달 학교 축제에서 춤을 출 거야.
소년: 와, 멋지다!

12 ③

스키 레슨을 받고, 얼음낚시를 하러 가고, 조부모님 댁에 방문한다고 하였으므로 정답은 ③ '스케이트 타기'입니다.

• during ~ 동안
• ice fishing 얼음낚시
• grandparents 조부모님

W: Seung-a does many things during the winter vacation every year. She takes ski lessons. She goes ice fishing with her dad. She also visits her grandparents in Incheon.

여자: 승아는 매년 겨울 방학 동안 많은 일들을 합니다. 그녀는 스키 레슨을 받습니다. 그녀는 아빠와 얼음낚시를 하러 갑니다. 그녀는 또한 인천에 계신 조부모님 댁을 방문합니다.

13 ④

코알라와 캥거루와 같은 독특한 동물들로 유명하고 여름에 바다에서 상어를 볼 수 있다고 했으므로 정답은 ④ '호주'입니다.

• unique 독특한
• shark 상어
• summertime 여름철
• wildlife 야생 생물

M: This country is famous for unique animals. Koalas and kangaroos are some of them. You can also see sharks in the sea in summertime. This is an amazing country with beautiful wildlife.

남자: 이 나라는 독특한 동물들로 유명합니다. 코알라와 캥거루는 그중 일부이지요. 여러분은 또한 여름철에는 바다에서 상어를 볼 수도 있습니다. 이 나라는 아름다운 야생 생물로 멋진 나라입니다.

14 ①

옷이 너무 커서 작은 사이즈로 바꿔 입어야 할 상황이므로 정답은 ①입니다.

• comfortable 편한
• jacket 재킷

① W: Would you like to try on a small size?
   B: Yes, please.
② W: Do you like the color yellow?
   B: Yes, it's my favorite color.
③ W: Do you like your shoes?
   B: Yes, I do. They are comfortable.
④ W: Do you need a bag for the jacket?
   B: Yes. I need a small bag.

① 여자: 작은 사이즈로 입어 보실래요?
   소년: 네, 그럴게요.
② 여자: 노란색을 좋아하세요?
   소년: 네, 그것이 제가 가장 좋아하는 색깔이에요.
③ 여자: 신발이 마음에 드세요?
   소년: 네, 좋아요. 신발이 편해요.
④ 여자: 재킷을 위한 가방이 필요한가요?
   소년: 네. 작은 가방이 필요해요.

15 ③

두 아이는 새로 문을 연 체육관에서 탁구를 치기로 하고 목요일 오후에 만나기로 하였으므로 정답은 ③ '목요일'입니다.

• Thursday 목요일
• Friday 금요일

G: A new gym opened last week. We can play table tennis there for free.
B: Really? Let's play then.
G: Why not? How about Thursday or Friday?
B: Thursday afternoon is great for me.
G: Perfect! See you then.

소녀: 새 체육관이 지난주에 문을 열었어. 거기에서 탁구를 무료로 칠 수 있어.
소년: 정말? 그러면 (탁구를) 치자.
소녀: 좋아. 목요일이나 금요일이 어때?
소년: 목요일 오후가 나에게는 아주 좋아.
소녀: 완벽해! 그때 보자.

정답	JUMP UP 받아쓰기(스크립트)	해석

16 ①

개가 Steve가 가장 좋아하는 만화책을 물어뜯어 놓았으므로 정답은 ① 'angry'입니다.

• wrong 잘못된, 틀린
• mess up
  엉망으로 만들다, 망가뜨리다

G: Steve, what's wrong?
B: My dog bit my comic book.
G: Oh, no. Your dog really messed it up.
B: This is the second time. And it is my favorite book.
G: Oh, that's terrible.

소녀: Steve, 무슨 일이야?
소년: 내 개가 내 만화책을 물어뜯었어.
소녀: 오, 저런. 네 개가 책을 아주 엉망으로 만들었구나.
소년: 이번이 두 번째야. 그리고 이 책은 내가 가장 좋아하는 책이야.
소녀: 오, 끔찍하네.
① 화가 난   ② 행복한
③ 신이 난   ④ 걱정하는

17 ③

5월 8일 금요일로 예약을 하였으므로 정답은 ③입니다.

• reservation 예약
• space 자리, 공간

[Telephone rings.]
M: Happy Cook's Restaurant. How may I help you?
W: Hi. I'd like to make a reservation.
M: Okay. When would you like to come?
W: Friday, May 8th at noon for two people. Do you have space?
M: Yes. Two people on May 8th at noon. You're all set.

[전화벨이 울린다.]
남자: Happy Cook 식당입니다. 어떻게 도와드릴까요?
여자: 안녕하세요. 예약을 하고 싶습니다.
남자: 좋아요. 언제 오시려고 하시나요?
여자: 금요일, 5월 8일 정오에 두 사람이요. 자리가 있나요?
남자: 네. 5월 8일 정오에 두 분이요. 예약이 되었습니다.

18 ②

여자아이는 사과를 사러 시장에 가는 중이라고 했으므로 정답은 ② 'market'입니다.

• bank 은행
• market 시장

G: Hi, how are you? Where are you going?
B: I'm good. I'm going to the bank. How about you?
G: I'm going to the market. I'll buy some apples.
B: Okay. Nice seeing you!
G: See you at school. Bye!

소녀: 안녕, 잘 지내니? 어디 가는 길이야?
소년: 나는 잘 지내. 나는 은행에 가는 길이야. 너는 어때?
소녀: 나는 시장에 가는 길이야. 사과를 좀 사려고 해.
소년: 그래. 만나서 반가웠어!
소녀: 학교에서 보자. 안녕!
① 은행   ② 시장   ③ 박물관   ④ 운동장

19 ④

어제 무엇을 했는지 물었으므로 정답은 ④ 'I went to an amusement park.'입니다.

• amusement park 놀이공원

W: What did you do yesterday?

여자: 당신은 어제 무엇을 했나요?
① 저는 아침마다 수영을 해요.
② 저는 할아버지와 바둑을 둡니다.
③ 저는 지난주에 일찍 잤어요.
④ 저는 놀이공원에 갔어요.

20 ②

차 열쇠가 어디에 있는지 묻는 질문에 답을 하는 상황이므로 정답은 ② 'It's on the table.'입니다.

• vacation 휴가, 방학
• car key 차 열쇠

M: Becky, I'm ready to go.
W: Okay, let's go! Vacation, here we come! Uh oh, where is the car key?

남자: Becky, 나는 갈 준비가 되었어.
여자: 그래, 가자! 휴가야, 우리가 간다! 어, 차 열쇠가 어디 있지?
① 나는 준비가 안 됐어.
② 그것은 식탁 위에 있어.
③ 나는 차가 없어.
④ 우리는 버스를 탈 수 있어.

정답	스크립트	해석
01 ⑤ 두 아이는 수제 비누가 냄새가 좋고 피부에도 좋다고 하며 ⑤ '수제 비누'를 사기로 하였습니다. • already 이미 • handmade 수제의, 손으로 만든	G: Mom's birthday is next week. Let's buy a gift for her. B: How about a hat? G: She already has so many hats. How about buying some handmade soap? B: Handmade soap? G: Yes. She doesn't have any. It smells good, and it's good for her skin, too. B: I see. Mom will love that.	소녀: 엄마 생신이 다음 주네. 그녀를 위해 선물을 사자. 소년: 모자는 어떨까? 소녀: 엄마는 이미 모자가 매우 많아. 수제 비누를 사는 건 어때? 소년: 수제 비누? 소녀: 응. 엄마는 수제 비누가 없잖아. 그것은 냄새가 좋고, 엄마의 피부에도 좋아. 소년: 알겠어. 엄마가 그걸 아주 좋아하실 거야.
02 ③ 영화는 오후 4시에 시작하고, 두 아이는 3시에 만나서 간식을 먹기로 하였으므로 만나기로 한 시각은 ③ '오후 3시'입니다. • theater 극장 • snack 간식, 스낵	B: Helen, let's watch the movie *Brave Kids* together. G: Sounds great. What time shall we meet? B: The movie begins at 4 p.m. How about meeting at 3 p.m. at the theater? G: Sounds good. We can have a snack before the movie. B: Yes, let's have ice cream. G: That'll be perfect! See you at 3!	소년: Helen, *Brave Kids* 영화를 함께 보자. 소녀: 좋아. 몇 시에 만날까? 소년: 영화는 오후 4시에 시작해. 오후 3시에 극장에서 만나면 어때? 소녀: 좋아. 우리는 영화를 보기 전에 간식을 먹을 수 있겠네. 소년: 맞아, 아이스크림을 먹자. 소녀: 정말 좋겠다! 3시에 만나!
03 ⑤ 창문을 열고, 가게를 청소하며, 테이블을 청소하고, 테이블을 꽃으로 장식한 다음, 커피를 만든다고 하였으므로 정답은 ⑤ '케이크 만들기'입니다. • run 운영하다; 달리다 • decorate 장식하다	W: Mr. Williams runs a bakery. Every morning, he opens the windows and cleans the shop. He cleans all the tables. He decorates the tables with flowers, too. Then he makes coffee. His days begin like this.	여자: Williams 씨는 빵집을 운영합니다. 아침마다, 그는 창문을 열고 가게를 청소합니다. 그는 모든 테이블을 다 청소합니다. 그는 테이블을 꽃으로 장식하기도 합니다. 그런 다음 그는 커피를 만듭니다. 그의 일과는 이렇게 시작합니다.
04 ③ 오래된 청바지, 가위, 단추, 바늘과 실이 필요하다고 하였으므로 정답은 ③입니다. • scissors 가위 • thread 실	G: Let's make a blue jeans basket. B: Okay. What do we need? G: We just need some old blue jeans and some scissors. B: How are we going to decorate? G: We'll use buttons for decorations. So we also need a needle and thread. B: Is that all? G: Yes. That's all.	소녀: 청바지 바구니를 만들자. 소년: 좋아. 무엇이 필요하지? 소녀: 우리는 단지 오래된 청바지와 가위가 좀 필요해. 소년: 어떻게 장식을 하지? 소녀: 우리는 장식을 위해 단추를 사용할 거야. 그래서 우리는 바늘과 실도 필요해. 소년: 그거면 될까? 소녀: 응. 그게 전부야.

정답	스크립트	해석
05 ① 채소를 키우고 물을 주며 사람들이 시장에서 그것들을 사서 먹을 것이라고 하였으므로 정답은 ① '농부'입니다. • grow 키우다, 기르다 • market 시장	W: I grow vegetables like tomatoes and lettuce. I water them every day. My vegetables go to the market. People buy and eat them. Can you guess my job?	여자: 저는 토마토와 상추 같은 채소를 키웁니다. 저는 그것들에 매일 물을 주지요. 제 채소는 시장으로 가요. 사람들은 그것들을 사서 먹어요. 제 직업을 맞혀 보실래요?

FLY UP

본문 62~63쪽

01 A Is this your book? / 이것은 당신의 책인가요?

02 B It has a dot pattern on it. / 그것은 점무늬가 있어요.

03 A Do you like this jacket? / 당신은 이 재킷을 좋아하나요?

04 B Yes, I'm going to dance. / 응, 나는 춤을 추려고 해.

05 A Where are you going? / 너는 어디에 가고 있니?

06 How many are there? / 얼마나 많이 있나요?

07 The book is my favorite comic book. / 그 책은 내가 가장 좋아하는 만화책이야.

08 You can see sharks in the sea in summertime. / 여러분은 여름철에 바다에서 상어를 볼 수 있습니다.

09 She'll love the cookies. / 그녀는 쿠키를 좋아할 거예요.

10 I have two pencils, an eraser, and a glue. / 나는 두 자루의 연필, 한 개의 지우개, 그리고 한 개의 풀이 있어요.

SPEAK UP

본문 64쪽

01 Who is your brother?

02 I don't have a ruler.

03 Blue is my favorite color.

04 I'm ready to go.

05 I'll buy some bananas.

06 Let's make something for her.

07 My family is going to go to a weekend farm.

Listen & Speak Up 5

 **WARM UP**

A
01 snowy, 눈이 내리는
02 garden, 정원
03 season, 계절
04 brown, 갈색의; 갈색
05 row, 줄, 열
06 diary, 일기
07 take care of, ~을 돌보다
08 sick, 아픈
09 across from, ~의 건너편에
10 helmet, 헬멧

B
01 snowy
02 garden
03 season
04 brown
05 row
06 diary
07 take care of
08 sick
09 across from
10 helmet

LISTEN UP | JUMP UP

LISTEN UP 듣기평가 모의고사 5

01 ④	02 ③	03 ④	04 ②	05 ③	06 ②	07 ④	08 ④	09 ②	10 ②
11 ③	12 ②	13 ④	14 ②	15 ④	16 ①	17 ①	18 ④	19 ③	20 ①

정답	JUMP UP 받아쓰기(스크립트)	해석
01 ④ 눈이 내리는 날씨를 나타내는 단어는 ④ 'snowy'입니다.	W: ① rainy ② sunny ③ windy ④ snowy	여자: ① 비가 오는 ② 화창한 ③ 바람 부는 ④ 눈이 내리는
02 ③ ③ 'What are you doing?'은 지금 하고 있는 일을 묻는 표현입니다. • matter 일, 문제	M: ① What did you do? ② What's the matter? ③ What are you doing? ④ Where are you going?	남자: ① 당신은 무엇을 했나요? ② 무슨 일이에요? ③ 당신은 무엇을 하고 있나요? ④ 당신은 어디에 가고 있나요?
03 ④ 매일 아침 100회씩 줄넘기를 한다고 하였으므로 정답은 ④입니다. • jump rope 줄넘기하다 • health 건강	G: Every morning, I go out and jump rope. I do 100 jump ropes a day. It's good for my health.	소녀: 아침마다, 나는 나가서 줄넘기를 합니다. 나는 하루에 100회의 줄넘기를 합니다. 그것은 내 건강에 좋습니다.
04 ② 정원에서 식물에 물을 주고 죽은 잎을 청소한다고 하였으므로 정답은 ② '정원 돌보기'입니다. • garden 정원 • dead leaves 낙엽들	B: I take care of my garden on Fridays. I water the plants in the garden. I clear the dead leaves from the garden, too.	소년: 나는 금요일마다 정원을 돌봅니다. 나는 정원의 식물들에 물을 줍니다. 나는 정원에서 낙엽들을 청소하기도 합니다.
05 ③ 날씨가 시원해지고 나무가 빨갛	W: In this season, the weather gets	여자: 이 계절에는, 날씨가 더 시원해집니다. 나무

정답	JUMP UP 받아쓰기(스크립트)	해석
고 노랗게 변하며 신선한 과일들이 많이 있는 계절이므로 정답은 ③입니다. • season 계절 • turn 변하다, 돌다	cooler. The trees turn <u>red</u> and <u>yellow</u>. There are a lot of fresh <u>fruits</u>, too.	들은 빨갛고 노랗게 변합니다. 신선한 과일들도 많이 있습니다.

06 ②
어디에 가느냐는 질문에 대해, 자신은 학교에 버스를 타고 가지 않는다고 답한 것은 자연스럽지 않으므로 정답은 ②입니다.
• go shopping 쇼핑 가다
• homework 숙제
	① W: Is this your <u>bag</u>?
	  M: No, it's my sister's bag.
	② W: Where are you going?
	  M: I don't go to school by <u>bus</u>.
	③ W: Let's go <u>shopping</u> together.
	  M: Sounds great!
	④ W: What will you do tomorrow?
	  M: I'll do my <u>homework</u>.
		① 여자: 이것은 당신의 가방인가요?
		  남자: 아니요, 제 여동생의 가방입니다.
		② 여자: 어디에 가시나요?
		  남자: 저는 학교에 버스를 타고 가지 않습니다.
		③ 여자: 같이 쇼핑을 가요.
		  남자: 좋아요!
		④ 여자: 당신은 내일 무엇을 할 건가요?
		  남자: 저는 숙제를 할 거예요.

07 ④ 두 아이가 과학 숙제를 함께하기 위해 만나기로 한 장소는 ④ '도서관'입니다. • science 과학 • after school 방과 후에	B: Sara, let's do the <u>science</u> homework together. G: That's a good <u>idea</u>. B: How about meeting at the <u>library</u>? G: Okay. Let's meet there after <u>school</u>.	소년: Sara, 과학 숙제를 함께하자. 소녀: 좋은 생각이야. 소년: 도서관에서 만나는 것은 어떨까? 소녀: 좋아. 방과 후에 거기에서 만나자.
08 ④ Ross는 파란 장화의 손잡이가 맘에 들고 그것으로 사겠다고 하였으므로 정답은 ④입니다. • rain boots 장화 • handle 손잡이	W: Ross, you need <u>rain</u> <u>boots</u>. Which do you like better? B: Mom, I like the brown ones. W: Aren't they too dark? How about these <u>blue</u> ones? B: They're also good. I like the handles on the blue ones. I'd like <u>them</u>. W: Okay.	여자: Ross, 너는 장화가 필요해. 어느 것이 더 좋으니? 소년: 엄마, 저는 갈색 것이 좋아요. 여자: 너무 어둡지 않을까? 이 파란 것은 어때? 소년: 그것도 좋아요. 파란 장화에 손잡이가 맘에 들어요. 저는 그게 좋겠어요. 여자: 그러자.
09 ② Sue가 Harry에게 화가 난 이유는 ② '동아리 모임 시간에 늦어서'라고 하였습니다. • angry 화가 난 • be on time 제시간에 오다, 시간을 잘 지키다	W: Harry, you look down. What's <u>up</u>? B: Sue is <u>angry</u> at me. W: Why is she angry at you? B: I was late for the club meeting. But I was <u>busy</u>. W: Hmm.... You should be on <u>time</u> next time.	여자: Harry, 너 기분이 우울해 보인다. 무슨 일 있니? 소년: Sue가 저한테 화가 났어요. 여자: 그녀가 왜 너에게 화가 났니? 소년: 제가 동아리 모임에 늦었어요. 하지만 전 바빴어요. 여자: 흠…. 너 다음에는 제시간에 와야 해.
10 ② Kelly의 어머니는 앞줄에 계시며 안경을 쓰셨다고 했으므로 정답은 ②입니다. • photo 사진 • row 줄, 열	B: Kelly, I love this <u>family</u> photo. Who's your <u>mother</u>? G: She's standing in the front <u>row</u>. B: Is she wearing glasses? G: Yes, she's wearing them. B: Oh, I see. <u>There</u> she is.	소년: Kelly, 나는 이 가족사진이 좋아. 너희 어머니는 누구시니? 소녀: 그녀는 앞줄에 계셔. 소년: 안경을 쓰셨니? 소녀: 응, 엄마는 안경을 쓰셨어. 소년: 오, 알겠다. 여기 계시네.

정답	JUMP UP 받아쓰기(스크립트)	해석

11 ③

매일 아침 강을 따라서 자전거를 탔다고 하였으므로 정답은 ③ '자전거 타기'입니다.

• ride 타다
• along ~을 따라서

B: What did you do during the summer vacation?
G: I rode my bike a lot.
B: Did you go riding every day?
G: Yes, I rode along the river every morning.
B: Sounds really fun!

소년: 너는 여름 방학 동안 무엇을 했니?
소녀: 나는 자전거를 많이 탔어.
소년: 너는 매일 타러 나갔니?
소녀: 응, 나는 매일 아침 강을 따라서 탔어.
소년: 정말 재미있었겠다!

12 ②

숙제를 하고 일기를 쓰고 샤워를 한 후 잠자리에 든다고 하였으므로 정답은 ② 'TV 시청하기'입니다.

• diary 일기
• take a shower 샤워를 하다

W: Jiwoo is busy every evening. He does his homework and he writes in his diary. Then he takes a shower and goes to bed.

여자: 지우는 저녁마다 바쁩니다. 그는 숙제를 하고 일기를 씁니다. 그런 다음 그는 샤워를 하고 잠자리에 듭니다.

13 ④

아픈 동물들을 돌보고 건강을 체크하고 약을 주며 주사를 놓기도 한다고 하였으므로 정답은 ④ '수의사'입니다.

• medicine 약
• shot 주사

M: I take care of sick animals. I check their health and give them medicine. Sometimes, I give shots to the animals. Can you guess my job?

남자: 저는 아픈 동물들을 돌봅니다. 저는 그들의 건강을 체크하고 그들에게 약을 주지요. 때때로 저는 동물들에게 주사를 놓아주기도 해요. 제 직업을 추측할 수 있나요?

14 ②

남자아이가 무거운 짐을 든 할머니를 도와드리려는 상황이므로 정답은 ②입니다.

• live 살다
• August 8월

① B: How long is it?
W: It's three meters long.
② B: Can I help you?
W: Yes, please.
③ B: Where do you live?
W: I live in Seoul.
④ B: When is your birthday?
W: It's August 24th.

① 소년: 그것은 얼마나 긴가요?
여자: 그것은 3미터야.
② 소년: 제가 도와드릴까요?
여자: 응, 도와주렴.
③ 소년: 어디에 사세요?
여자: 서울에 살아.
④ 소년: 생신이 언제인가요?
여자: 8월 24일이야.

15 ④

두 아이는 아프리카 음악 콘서트에 가기 위해 일요일에 만나기로 하였으므로 정답은 ④ '일요일'입니다.

• music 음악
• interesting 재미있는

G: Do you have plans for the weekend?
B: Not yet. Why?
G: I have tickets for an African music concert at Art House this Sunday. Would you like to go with me?
B: Sounds interesting. I'd love to go!
G: Let's meet on Sunday, then.

소녀: 너는 주말에 계획이 있니?
소년: 아직 없어. 왜?
소녀: 이번 일요일 Art House에서 하는 아프리카 음악 콘서트 표가 두 장 있어. 나랑 같이 갈래?
소년: 재밌겠다. 나는 가면 좋지!
소녀: 그러면 일요일에 만나자.

16 ①

금붕어가 아파서 울었으므로 정답은 ① 'sad'입니다.

• problem 문제
• cry 울다

B: Yeseo, how are you?
G: I'm not happy today.
B: What's the problem?
G: My goldfish is sick. I cried this

소년: 예서야, 어떻게 지내니?
소녀: 난 오늘 행복하지 않아.
소년: 무슨 문제가 있니?
소녀: 내 금붕어가 아파. 난 오늘 아침에 울었어.

정답	JUMP UP 받아쓰기(스크립트)	해석
	morning. B: I'm sorry to hear that.	소년: 그 말을 들으니 안됐구나. ① 슬픈 ② 화가 난 ③ 행복한 ④ 신이 난
17 ① 어린이 공원은 두 블록을 곧장 가서 왼쪽으로 돌면 오른쪽에 있다고 하였으므로 정답은 ①입니다. • get to ~에 도착하다 • across from ~의 건너편에	B: Excuse me. How can I <u>get</u> to Children's Park? W: Go straight <u>two</u> blocks and turn left. B: Turn left? W: Yes. It'll be on your <u>right</u>. It's <u>across</u> from the post office. B: Thank you so much.	소년: 실례합니다. 어린이 공원에 어떻게 가나요? 여자: 두 블록을 곧장 가서 왼쪽으로 도세요. 소년: 왼쪽으로 돌아요? 여자: 네. 공원은 오른쪽에 있을 거예요. 우체국 건너편이죠. 소년: 정말 고맙습니다.
18 ④ 스케이트보드를 탈 때 안전을 위해 헬멧이 필요하다고 하였으므로 정답은 ④ 'a helmet'입니다. • helmet 헬멧 • safety 안전	G: Your skateboard looks <u>cool</u>. B: Thank you. My <u>dad</u> bought it for me. G: That's nice. Do you have a <u>helmet</u>? B: Not yet. I have to buy one. G: Yeah, you should wear a helmet for <u>safety</u>.	소녀: 네 스케이트보드 멋지다. 소년: 고마워. 아빠가 나에게 사 주셨어. 소녀: 좋구나. 너 헬멧은 있니? 소년: 아직 없어. 나는 하나 사야 해. 소녀: 그래, 안전을 위해서 헬멧을 써야 해. ① 신발 ② 자전거 ③ 자물쇠 ④ 헬멧
19 ③ 방과 후에 주로 무엇을 하는지 물었으므로 정답은 ③ 'I play basketball with my friends.'입니다. • usually 주로 • wake up 일어나다	W: What do you <u>usually</u> do after school?	여자: 당신은 방과 후에 주로 무엇을 하나요? ① 저는 아침에 7시에 일어납니다. ② 저는 학교에 주로 자전거를 타고 가요. ③ 저는 친구들과 함께 농구를 합니다. ④ 저는 토요일에 수업이 없어요.
20 ① 알람 시계가 어디에 있는지를 묻는 질문에 답을 하는 상황이므로 정답은 ① 'It's on the bookshelf.'입니다. • bring 가져오다 • alarm clock 알람 시계	M: Amy, it's 10:30 p.m. <u>Time</u> to go to <u>bed</u>. G: Okay, Dad. Can you bring my <u>alarm</u> clock to me? M: Where's your alarm <u>clock</u>?	남자: Amy, 10시 30분이야. 잘 시간이다. 소녀: 네, 아빠. 제 알람 시계를 저에게 갖다주실 수 있으세요? 남자: 네 알람 시계가 어디에 있는데? ① 그것은 책장에 있어요. ② 제 알람 시계는 흰색이에요. ③ 저는 새 알람 시계가 있어요. ④ 알람을 7시로 설정해야 해요.

♪ **LISTEN UP** 실력 높여 보기   본문 70쪽

01 ②   **02** ③   **03** ⑤   **04** ①   **05** ③

정답	스크립트	해석
01 ② 두 사람은 캠핑용품을 점검하며 침낭이 하나뿐이어서 또 하나를	W: We're going camping this weekend. Let's check what we have.	여자: 우리는 이번 주말에 캠핑을 갈 거예요. 우리에게 있는 것을 확인해 봐요.

정답	스크립트	해석

사기로 하였으므로 정답은 ②
'침낭'입니다.
- go camping 캠핑을 가다
- enough 충분한

M: Okay. We have the tent.
W: Good. Do we have the lantern?
M: Yes, we have it.
W: And do we have enough sleeping bags?
M: We have only one sleeping bag. We need another one.
W: You're right. Let's go buy a sleeping bag later today.
M: Okay. Let's go!

남자: 그래요. 우리는 텐트가 있어요.
여자: 좋아요. 우리는 손전등이 있나요?
남자: 네, 그거 있어요.
여자: 그리고 우리는 침낭이 충분히 있나요?
남자: 우리는 침낭이 오직 하나뿐이에요. 우리는 또 하나가 필요해요.
여자: 당신 말이 맞아요. 오늘 이따 침낭을 사러 가요.
남자: 좋아요. 갑시다!

02 ③

10달러인 티셔츠 한 개와 20달러인 바지 한 벌을 사기로 하였으므 지불해야 할 가격은 모두 ③ '30달러'입니다.
- price 가격
- total 합, 총계

G: Excuse me. How much is this blue T-shirt?
M: It's 10 dollars.
G: That's a good price. And how much are these purple pants?
M: They're 20 dollars.
G: I'll take one T-shirt and a pair of pants. How much is it for everything?
M: That's 30 dollars in total.
G: Okay. Here you are.

소녀: 실례합니다. 이 파란 티셔츠가 얼마인가요?
남자: 그것은 10달러입니다.
소녀: 가격이 좋네요. 그리고 이 보라색 바지는 얼마인가요?
남자: 그것은 20달러입니다.
소녀: 저는 티셔츠 한 개와 바지 한 벌을 사겠어요. 모두 해서 얼마죠?
남자: 합쳐서 30달러입니다.
소녀: 네. 여기 있습니다.

03 ⑤

두 아이는 케이 팝 콘서트에 가기 위해 토요일에 ⑤ '지하철역'에서 만나기로 하였습니다.
- K-pop 케이 팝
- Saturday 토요일

[Cellphone rings.]
B: Hi, Rachel.
G: Hi, what's up, Dave?
B: Are you free this Saturday? I have K-pop concert tickets.
G: Sure. I'd love to go. Thanks for asking. Where shall we meet?
B: Let's meet at the subway station at 3. We can go together.
G: Sounds good. See you on Saturday!

[휴대 전화가 울린다.]
소년: 안녕, Rachel.
소녀: 안녕, 무슨 일이야, Dave?
소년: 이번 토요일에 시간 있니? 나 케이 팝 콘서트 티켓이 있어.
소녀: 물론이야. 나는 가고 싶어. 물어봐 줘서 고마워. 어디에서 만나지?
소년: 3시에 지하철역에서 만나자. 우리는 같이 갈 수 있어.
소녀: 좋네. 토요일에 만나자!

04 ①

사전, 공책, 색연필, 노트북 컴퓨터가 필요하다고 하였으므로 정답은 ①입니다.
- dictionary 사전
- laptop 노트북 컴퓨터

G: Let's do the writing project together.
B: Okay. What do we need?
G: We need a dictionary. We have to look up the words.
B: Right. And do we need notebooks?
G: Yes. We should take good notes. We also need colored pencils.
B: Oh, we need a computer, too.
G: Right. I'll bring my laptop.

소녀: 쓰기 프로젝트를 함께하자.
소년: 좋아. 무엇이 필요하지?
소녀: 우린 사전이 필요해. 단어를 찾아봐야 해.
소년: 맞아. 그리고 우리는 공책이 필요하니?
소녀: 응. 우리는 필기를 잘 해야 해. 우리는 또 색연필도 필요해.
소년: 오, 우리는 컴퓨터도 필요해.
소녀: 맞아. 내가 내 노트북 컴퓨터를 가져올게.

05 ③

영화에서 다양한 역할을 하며 다

M: Hi, I play different roles in movies. I

남자: 안녕하세요, 저는 영화에서 다양한 역할을 연

정답	스크립트	해석
양한 인물을 연기한다고 하였으므로 정답은 ③ '영화배우'입니다. • role 역할, 지위 • act 연기하다	can be a nurse in one movie. I can be a soccer player in another movie. I enjoy acting as different characters. What is my job?	기합니다. 저는 한 영화에서는 간호사가 될 수 있습니다. 저는 다른 영화에서는 축구 선수가 될 수 있습니다. 저는 다양한 인물로서 연기하는 것을 즐깁니다. 제 직업은 무엇일까요?

FLY UP

본문 76~77쪽

01 A Is this your bag? / 이것은 당신의 가방인가요?

02 B They're also good. / 그것들도 역시 좋아요.

03 A Where do you live? / 당신은 어디에 사나요?

04 B Go straight two blocks and turn left. / 두 블록을 곧장 가서 왼쪽으로 도세요.

05 A What did you do during the summer vacation? / 너는 여름 방학 동안 무엇을 했니?

06 I water the plants in the garden. / 나는 정원에 있는 식물들에 물을 줍니다.

07 The trees turn red and yellow. / 나무들이 빨갛고 노랗게 변합니다.

08 Sometimes, I give shots to the animals. / 때로는, 나는 동물들에게 주사를 놓아 줍니다.

09 Do you have plans for the weekend? / 너는 주말에 계획이 있니?

10 You should wear a helmet for safety. / 너는 안전을 위해서 헬멧을 꼭 써야 해.

SPEAK UP

본문 78쪽

01 I ran along the river.

02 You should be on time.

03 The weather gets warmer.

04 It is next to the school.

05 Let's go shopping together.

06 I have movie tickets for Sunday.

07 Can you bring my alarm clock to me?

Listen & Speak Up 6

WARM UP

본문 79쪽

A
01 hungry, 배고픈
02 favorite, 가장[매우] 좋아하는
03 fly, 날다
04 sell, 팔다
05 bag, 가방
06 museum, 박물관
07 cell phone, 휴대폰
08 fireworks, 불꽃놀이
09 meet, 만나다
10 under, ~ 아래에

B
01 hungry
02 favorite
03 fly
04 sell
05 bag
06 museum
07 cell phone
08 fireworks
09 meet
10 under

LISTEN UP · JUMP UP

LISTEN UP · 듣기평가 모의고사 6

본문 80~89쪽

| 01 ④ | 02 ② | 03 ③ | 04 ④ | 05 ③ | 06 ① | 07 ① | 08 ③ | 09 ② | 10 ① |
| 11 ④ | 12 ③ | 13 ① | 14 ④ | 15 ② | 16 ③ | 17 ③ | 18 ② | 19 ② | 20 ① |

정답	JUMP UP 받아쓰기(스크립트)	해석
01 ④ 그림의 배고픈 상황을 나타내는 단어는 ④ 'hungry'입니다.	W: ① glad ② dirty ③ clever ④ hungry	여자: ① 기쁜 ② 더러운 ③ 똑똑한 ④ 배고픈
02 ② ② 'What day is it?'은 요일을 묻는 표현입니다. • day 요일 • spring 봄	M: ① How are you? ② What day is it? ③ Do you like spring? ④ Where are you now?	남자: ① 안녕하세요? ② 무슨 요일인가요? ③ 당신은 봄을 좋아하나요? ④ 당신은 지금 어디에 있나요?
03 ③ 남자아이는 가장 좋아하는 취미가 독서라고 하였고 독서로부터 많은 새로운 것을 배운다라고 하였으므로 정답은 ③입니다. • favorite 가장[매우] 좋아하는 • learn 배우다	B: My favorite hobby is reading books. I learn many new things from reading.	소년: 내가 가장 좋아하는 취미는 독서예요. 나는 독서로부터 많은 새로운 것들을 배운답니다.
04 ④ 여자아이는 종이비행기를 만드는 중이라고 했으므로 정답은 ④ '종이비행기 만들기'입니다. • airplane 비행기 • hope 바라다	G: I'm making a paper airplane now. It's fun. I hope my paper airplane can fly far.	소녀: 나는 지금 종이비행기를 만드는 중이에요. 그건 재미있어요. 나는 내 종이비행기가 멀리 날아가기를 희망해요.

32 초등 영어듣기평가 완벽대비 4-2

정답	JUMP UP 받아쓰기(스크립트)	해석

05 ③

인기 있는 한국의 팬케이크이며 보통 파와 채소로 만들어지며 간장과 함께 먹는 것은 ③입니다.
· green onion 파
· soy sauce 간장

M: This is a popular Korean pancake. It's usually made with green onions and vegetables. People like to eat it with soy sauce.

남자: 이것은 인기 있는 한국의 팬케이크랍니다. 그건 보통 파와 채소로 만들어져요. 사람들은 그걸 간장과 함께 먹는 것을 좋아해요.

---

06 ①

가격을 물었는데 그건 내 잘못이 아니라고 답한 것은 자연스럽지 않으므로 정답은 ①입니다.
· cost (비용이) ~이다
· fault 잘못

① W: How much does it cost?
　M: It's not my fault.
② W: Why don't we take a taxi?
　M: That's a good idea.
③ W: When does the train leave?
　M: It leaves at two o'clock.
④ W: Where did you go last weekend?
　M: I visited Jejudo.

① 여자: 그건 얼마예요?
　남자: 그건 내 잘못이 아니에요.
② 여자: 우리 택시를 타는 게 어때요?
　남자: 그거 좋은 생각이네요.
③ 여자: 기차는 언제 출발하나요?
　남자: (그것은) 두 시에 출발해요.
④ 여자: 당신은 지난 주말에 어디에 갔었나요?
　남자: 저는 제주도를 방문했어요.

---

07 ①

Lisa가 ① '자전거'를 더 이상 사용하지 않기에 남자가 팔자고 제안했고 Lisa가 이에 동의했습니다.
· someone 누군가
· anymore 더 이상

M: Lisa, do you use this bicycle?
G: Not really. Why?
M: Why don't we sell it to someone in need?
G: Hmm.... Maybe after the summer.
M: Come on, you don't ride it anymore.
G: Alright, let's sell it.

남자: Lisa, 너는 이 자전거를 사용하니?
소녀: 별로 그렇지 않아요. 왜요?
남자: 우리 그걸 필요로 하는 누군가에게 파는 게 어떠니?
소녀: 음…. 아마 여름 지나서요.
남자: 얘야, 넌 그걸 더 이상 타지 않잖아.
소녀: 알겠어요, (그걸) 팔아요.

---

08 ③

Tom은 가방을 잃어버려서 유실물 보관소에 전화했는데 이름(Tom)이 표시되어 있는 노란색 가방이 있다고 했으므로 정답은 ③입니다.
· lose 잃어버리다
· lost and found 유실물 보관소

B: Mom, you know I lost my bag yesterday, right?
W: Yes, Tom. You lost it on the subway.
B: Right. But I found it.
W: Really? Where?
B: I called the lost and found. They have a yellow bag with my name on it.
W: That's great news! I'm so glad you found it.

소년: 엄마, 제가 어제 제 가방을 잃어버린 거 아시죠, 그렇죠?
여자: 그래, Tom. 넌 그걸 지하철 안에서 잃어버렸잖아.
소년: 맞아요. 하지만 저는 그걸 찾았어요.
여자: 정말이니? 어디에서?
소년: 제가 유실물 보관소에 전화했어요. 그들은 제 이름이 표시되어 있는 노란색 가방을 가지고 있대요.
여자: 정말 좋은 소식이구나! 나는 네가 그걸 찾아서 너무 행복해.

---

09 ②

Emily는 ② '지난 주말에 다녀와서' 과학관에 가지 않는다고 남자아이에게 말했습니다.
· special 특별한
· science museum 과학관

B: Emily, what are you going to do tomorrow?
G: Nothing special. How about you?
B: I'm going to the science museum. Will you join me?
G: Sorry, I went there last weekend.
B: Oh, it's okay. How was it?
G: It was really fun.

소년: Emily, 너는 내일 뭐 할 거야?
소녀: 특별한 건 없어. 너는 어때?
소년: 나는 과학관에 갈 거야. (너는) 나랑 같이 갈래?
소녀: 미안해, 나는 거기에 지난 주말에 갔었어.
소년: 오, 괜찮아. (그건) 어땠어?
소녀: (그건) 정말 재밌었어.

정답	JUMP UP 받아쓰기(스크립트)	해석

10 ①

남자아이가 가장 좋아하는 앱이 무엇인지 물어보자 여자아이는 독서 앱을 많이 좋아하고 이 앱으로 많은 책들을 읽는다고 했으므로 정답은 ①입니다.

· useful 유용한
· a lot 많이

B: Wow! You have <u>many</u> apps on your cell phone.
G: Yes, they're all <u>useful</u>.
B: Which app is your favorite?
G: I like this <u>reading</u> app a lot!
B: I knew it! You really enjoy reading.
G: Right. I read many <u>books</u> with this app.

소년: 와! 너는 네 휴대폰에 정말 많은 앱들을 가지고 있구나.
소녀: 응, 그것들은 모두 유용해.
소년: 네가 가장 좋아하는 앱은 무엇이니?
소녀: 나는 이 독서 앱을 많이 좋아해!
소년: 나는 그럴 줄 알았어! 너는 정말로 독서를 즐기잖아.
소녀: 맞아. 나는 이 앱으로 많은 책들을 읽어.

11 ④

Andrew는 무엇을 할 거냐고 묻는 여자아이의 말에 ④ '불꽃놀이 축제에 가기'로 했다고 말했습니다.

· join 함께하다
· fireworks 불꽃놀이
· festival 축제

G: I'm going to see a movie tomorrow <u>evening</u>. Will you join me, Andrew?
B: I'd <u>love</u> to, but I have plans.
G: Oh, what are you doing?
B: I'm going to the <u>fireworks</u> festival with my parents.
G: Oh nice! It's always very beautiful.
B: Yeah, I'm really <u>excited</u>.

소녀: 나는 내일 저녁에 영화를 보러 갈 거야. 너 나랑 같이 갈래, Andrew?
소년: 나는 그러고 싶지만 계획이 있어.
소녀: 오, 너는 뭐 할 건데?
소년: 난 (나의) 부모님과 함께 불꽃놀이 축제에 갈 거야.
소녀: 오 멋지다! 그건 언제나 무척 아름다워.
소년: 맞아, 난 정말로 신이 나.

12 ③

Dan은 토요일에 등산을 가고, 친구들과 농구를 하고, 방 청소를 한다고 했으므로 하지 않는 일은 ③ '영화 보기'입니다.

· because ~ 때문에
· hiking 등산
· clean 청소하다

M: Dan likes Saturdays <u>because</u> he can do many things. He goes <u>hiking</u> in the morning. He plays basketball with his <u>friends</u> in the afternoon. He also cleans his <u>room</u> in the evening.

남자: Dan은 (그가) 많은 것들을 할 수 있기 때문에 토요일을 좋아해요. 그는 아침에 등산을 갑니다. 그는 오후에는 그의 친구들과 농구를 합니다. 그는 또한 저녁에는 그의 방을 청소합니다.

13 ①

짧은 바늘 하나와 긴 바늘 하나를 가지고 있고 시간을 말해 주는 것은 ① '시계'입니다.

· hand (시계) 바늘
· minute (시간의) 분
· tick-tock 똑딱거리다

W: I have two hands, a <u>short</u> one and a long one. The short <u>hand</u> tells the hour. The long hand tells the <u>minutes</u>. I love to tick-tock all day <u>long</u>!

여자: 나는 짧은 바늘 하나와 긴 바늘 하나, 이렇게 두 개의 바늘을 가지고 있어요. 짧은 바늘은 시간을 말해 줘요. 긴 바늘은 분을 말해 준답니다. 나는 하루 종일 똑딱거리는 것을 좋아해요!

14 ④

스티커 사진을 위해 웃긴 표정을 만들자고 제안하고 정말 재미있다고 답하는 것이 그림의 상황에 어울리는 대화이므로 정답은 ④입니다.

· had better not
  ~하지 않는 게 좋겠다
· say hello to
  ~에게 안부를 전하다

① G: You'd <u>better</u> not run here.
   B: Oh, I'm sorry. I didn't know that.
② G: Please say hello to your <u>brother</u>.
   B: Okay, I will.
③ G: What do you want to <u>have</u> for dinner?
   B: I'd like to have spaghetti.
④ G: Let's make some <u>funny</u> faces for our sticker photos.
   B: Okay! This is so fun!

① 소녀: 너는 여기서 뛰지 않는 게 좋아.
   소년: 오, 미안해. 그걸 몰랐어.
② 소녀: 네 남동생에게 안부 전해 줘.
   소년: 알았어, 그럴게.
③ 소녀: 너는 저녁으로 뭘 먹고 싶니?
   소년: 나는 스파게티를 먹고 싶어.
④ 소녀: (우리의) 스티커 사진을 위해 몇 가지 웃긴 표정을 만들자.
   소년: 좋아! 이거 정말 재밌다!

15 ②

뮤지컬이 오후 7시에 시작하니 6시에 만나자는 남자아이의 말에 여자아이는 너무 이르다며 ② '6시 30분'에 만날 것을 제안하였고 남자아이가 이에 괜찮다고 말했습니다.

· before ~ 전에
· entrance 입구

G: What time should we meet before the musical?
B: How about 6 p.m.? The musical starts at 7 p.m.
G: That's too early. Can we meet at 6:30?
B: Sure, 6:30 works for me.
G: Okay, let's meet at the entrance of the theater.
B: All right.

소녀: 우리 뮤지컬 전에 몇 시에 만나야 할까?
소년: 오후 6시는 어때? 뮤지컬은 오후 7시에 시작해.
소녀: 그건 너무 이른데. (우리) 6시 30분에 만날 수 있을까?
소년: 물론이지, 6시 30분은 (나에게) 괜찮아.
소녀: 좋아, 극장 입구에서 만나자.
소년: 알겠어.

16 ③

Lucy는 자신이 가장 좋아하는 밴드의 콘서트 표를 구했고, 콘서트에 빨리 가고 싶다고 했으므로 정답은 ③ 'excited'입니다.

· awesome 굉장한
· wonderful 아주 멋진

B: Lucy, how's it going?
G: Great! I just got tickets for my favorite band's concert!
B: That's awesome. I'm so happy for you.
G: Thanks. I can't wait to go.
B: You'll have a wonderful time!
G: Of course.

소년: Lucy, 요즘 어때?
소녀: 정말 좋아! 나는 내가 가장 좋아하는 밴드의 콘서트 표를 막 구했어!
소년: 그거 굉장한데. (너를 위해) 정말 잘됐다.
소녀: 고마워. 나는 빨리 가고 싶어.
소년: 너는 아주 멋진 시간을 가질 거야!
소녀: 물론이지.
① 화가 난   ② 무서워하는
③ 신이 난   ④ 실망한

17 ③

아들이 소파 위랑 식탁 주변에 헤드폰이 없다고 말했고, 엄마가 그걸 소파 아래에서 찾았다고 했으므로 정답은 ③입니다.

· look around 둘러보다
· under ~ 아래에

B: Mom, did you see my headphones?
W: No, where did you put them?
B: I think I put them on the sofa. But they aren't there.
W: Did you look around the table, too?
B: Yeah, but I can't find them.
W: Let me see. Oh, I found them. They were under the sofa.

소년: 엄마, 제 헤드폰 보셨어요?
여자: 아니, 너는 그걸 어디에 두었니?
소년: 제 생각에는 소파 위에 둔 것 같아요. 그런데 (그건) 거기에 없어요.
여자: 너는 식탁 주위도 둘러봤니?
소년: 네, 하지만 그걸 찾을 수 없어요.
여자: 어디 보자. 오, 내가 그걸 찾았어. 그건 소파 아래에 있었어.

18 ②

아들을 위한 선물을 찾고 있는 남자에게 여자가 로봇에서 자동차로 변할 수 있는 ② 'robot car'를 제안하자 남자가 사겠다고 말했습니다.

· look for ~을 찾다
· change 변하다

W: Can I help you?
M: Yes, please. I'm looking for a present for my son.
W: Do you have anything in mind?
M: He likes cars.
W: How about this robot car? It can change from a robot into a car.
M: Oh, I think he'll love it. I'll take it.

여자: 도와드릴까요?
남자: 네. 저는 제 아들을 위한 선물을 찾고 있어요.
여자: 뭔가 마음에 두고 있는 게 있나요?
남자: 그는 자동차를 좋아해요.
여자: 이 로봇 자동차는 어때요? 그건 로봇에서 자동차로 변할 수 있어요.
남자: 오, 제 생각에는 그가 그걸 좋아할 것 같아요. 그걸 살게요.
① 재킷   ② 로봇 자동차
③ 보드게임   ④ 과학책

19 ②

창문을 열어도 되냐고 물었으므로 이어질 알맞은 응답은 ② 'Yes, go ahead and open

W: May I open the window?

여자: 제가 창문을 열어도 될까요?
① 아니요, 그는 안경을 쓰고 있어요.
② 네, 어서 (그걸) 여세요.

정답	JUMP UP 받아쓰기(스크립트)	해석
it.'입니다. • break 부수다 **20** ① 엄마의 생신을 위해 이탈리아 음식점에 가자고 제안하는 여자아이의 말에 남자가 다른 생각은 없는지 물었으므로 이어질 알맞은 응답은 ① 'How about the new restaurant downtown?'입니다. • idea 생각	M: Amy, where should we go for <u>Mom's</u> birthday? G: Hmm, what about Italian No.1? She likes <u>Italian</u> food. M: We just <u>went</u> there last week. Do you have any other <u>ideas</u>?	③ 저는 그 창문을 부수지 않았어요. ④ 오, 저는 프랑스 파리 출신이에요. 남자: Amy, 우리 엄마 생신을 위해 어디에 가야 할까? 소녀: 흠, Italian No.1은 어때요? 엄마는 이탈리아 음식을 좋아하시잖아요. 남자: 우리는 지난주에 거기에 갔었어. 다른 생각은 없니? ① 시내의 새 음식점은 어때요? ② 네! 저는 지금 당장 음식을 주문할 준비가 되어 있어요. ③ 사실, 저는 요즘 제 일을 하느라 바빠요. ④ 오늘 오후 3시에 만나는 건 어때요?

🎵 **LISTEN UP** 　**실력 높여 보기**　　　　　　　　　　　　　본문 84쪽

01 ②　　**02** ③　　**03** ⑤　　**04** ①　　**05** ④

정답	스크립트	해석
01 ② 오디션에 관하여 남자아이는 목적, 참가 자격, 개최 요일, 신청 방법에 대해 언급했으므로 정답은 ② '준비물'입니다. • gym 체육관 • sign up 신청하다 • during ~ 동안	B: Hello, everybody! This is Liam Kim, the leader of the school band. We're looking for a new singer. All grades are welcome to the audition. It'll be next Thursday in the gym. To sign up, come to the music room during lunch.	소년: 모두들, 안녕! 나는 학교 밴드의 리더인 Liam Kim이야. 우리는 새로운 가수를 찾고 있어. 모든 학년이 오디션에 참가 가능해. 그건 체육관에서 다음 주 목요일에 개최될 거야. 신청하기 위해서는 점심시간 동안에 음악실로 와.
02 ③ 남자아이의 또 타자는 말에 여자아이는 다시 내려가기 위해 ③ '케이블카'를 타야 한다고 말했습니다. • amazing 놀라운 • scared 무서워하는	B: Whoa, we're moving up slowly! G: It is slow, but isn't the view amazing? B: Yes! At first, I was a little scared about riding this. But it's so cool! G: You don't look scared! B: No, I'm having so much fun now. Let's ride it again. G: Sure! We have to take the cable car to get back down.	소년: 워, 우리는 천천히 위로 올라가고 있어! 소녀: 이건 느리지만, 경치는 놀랍지 않아? 소년: 맞아! 처음에는 나는 이걸 타는 게 약간 무서웠어. 하지만 이건 정말 끝내줘! 소녀: 너는 무서워 보이지 않아! 소년: 응, 난 지금 너무 재미있어. 이거 또 타자. 소녀: 물론이지! 우리는 다시 내려가기 위해 케이블카를 타야 해.
03 ⑤ Sam은 숙제를 할 때 베트남에서 온 Linh의 도움을 받고자 하기에 숙제를 도와줄 수 있는지	W: Sam has homework about another country's culture. His best friend, Linh, is from Vietnam. Sam wants to	여자: Sam은 다른 나라의 문화에 관한 숙제가 있어요. 그의 가장 친한 친구인 Linh은 베트남 출신이에요. Sam은 Linh에게 도움을

정답	스크립트	해석
물어보는 것이 상황상 알맞으므로 정답은 ⑤ 'can you help me with my homework?' 입니다. • culture 문화 • situation 상황	ask Linh for help. In this situation, what would Sam say to Linh?	요청하길 원해요. 이 상황에서, Sam은 Linh에게 무슨 말을 할 것 같나요? ① 너는 왜 한국 문화를 좋아하니? ② 네가 가장 좋아하는 여름 음식은 뭐니? ③ 우리는 그것에 대해 걱정하지 않아도 돼. ④ 나는 내일까지 그 과제를 끝낼 수 있어. ⑤ 너는 내 숙제를 도와줄 수 있니?
04 ① 아빠가 읽고 싶은 책이 도서관에 있는데 바빠서 갈 수 없다고 말하자 Claire는 책을 대출해 줄 수 있다고 했으므로 정답은 ① '책 대출하기'입니다. • remember 기억하다 • check out (책을) 대출하다	M: Claire, do you remember the book, "Space Trip"? G: Sure, Dad. You wanted to read it. M: Yes. The city library just got a copy. But I'm too busy to go there to get it. G: Oh, I can check it out for you. M: Thanks. I just have so much to do for tomorrow's meeting. G: No problem. I'll go check it out for you right away. M: Thanks a lot.	남자: Claire, 너는 'Space Trip' 책을 기억하니? 소녀: 물론이죠, 아빠. 아빠는 그걸 읽고 싶어 하셨잖아요. 남자: 맞아. 시 도서관에 막 한 부가 들어왔어. 하지만 난 그걸 가지러 거기에 가기에는 너무 바빠. 소녀: 오, 제가 아빠를 위해 그 책을 대출해 줄 수 있어요. 남자: 고마워. 난 지금 내일 회의를 위해 할 일이 너무 많아. 소녀: 괜찮아요. 제가 아빠를 위해 곧바로 그걸 대출하러 갈게요. 남자: 정말 고맙구나.
05 ④ 엄마와의 약속을 지키지 않고 옷을 바닥에 둔 아들은 다시는 약속을 잊지 않겠다고 말했으므로 이에 대한 엄마의 응답으로 알맞은 것은 ④ 'Okay, but this needs to be the last time.'입니다. • keep one's promise 약속을 지키다 • hang 걸다	W: James, you didn't keep your promise. B: Mom, what do you mean? W: You promised to hang your jacket in the closet. But you left it on the floor again. B: Oh, I totally forgot. I'm sorry, Mom. I'll never forget again.	여자: James, 너는 네 약속을 지키지 않았구나. 소년: 엄마, 무슨 말씀이세요? 여자: 너는 (네) 옷장에 재킷을 걸어 두겠다고 약속했잖니. 하지만 넌 그걸 또 바닥에 두었구나. 소년: 오, (제가) 완전히 잊어버렸어요. 죄송해요, 엄마. 다시는 절대 잊지 않을게요. ① 너는 네 건강을 위해 운동해야 해. ② 물론이지. 내가 오늘 밤 늦게 네게 다시 전화할게. ③ 난 네 말에 동의해. 내가 집에 더 일찍 올게. ④ 좋아, 하지만 이번이 마지막이 되어야만 해. ⑤ 나에게 다른 기회를 줘서 고마워.

FLY UP

본문 90~91쪽

01 A Can I help you? / 도와드릴까요?

02 B That's a good idea. / 그거 좋은 생각이네요.

03 A Which app is your favorite? / 네가 가장 좋아하는 앱은 무엇이니?

04 B I'd love to, but I have plans. / 나는 그러고 싶지만 계획들이 있어.

05 A What's your favorite hobby? / 네가 가장 좋아하는 취미는 무엇이니?

06 Maybe after the summer. / 아마 여름 지나서요.

07 Where did you go last weekend? / 당신은 지난 주말에 어디에 갔었나요?

08 Say hello to your brother. / 네 남동생[오빠/형]에게 안부 전해 줘.

09 I'm making a paper airplane. / 나는 종이비행기를 만드는 중이에요.

10 What time should we meet? / 우리는 몇 시에 만나야 할까요?

SPEAK UP

본문 92쪽

01 Do you like spring?

02 How much does it cost?

03 I'm going to go jogging.

04 You enjoy cooking.

05 How's it going?

06 I'm looking for a bag.

07 Let's meet at the station.

Listen & Speak Up 7

WARM UP

본문 93쪽

A
01 carrot, 당근 　　**02** cooking, 요리 　　**03** keep, 유지하다
04 poster, 포스터 　　**05** sunglasses, 선글라스 　　**06** event, 행사
07 practice, 연습하다 　　**08** share, 공유하다 　　**09** move, 옮기다, 이동하다, 이사하다
10 relieved, 안도하는

B
01 carrot 　　**02** cooking 　　**03** keep 　　**04** poster 　　**05** sunglasses
06 event 　　**07** practice 　　**08** share 　　**09** move 　　**10** relieved

LISTEN UP　JUMP UP

LISTEN UP　듣기평가 모의고사 7

본문 94~103쪽

01 ④	02 ②	03 ④	04 ③	05 ①	06 ④	07 ②	08 ③	09 ②	10 ③
11 ④	12 ②	13 ③	14 ③	15 ①	16 ①	17 ③	18 ②	19 ④	20 ③

정답	JUMP UP 받아쓰기(스크립트)	해석

01 ④

그림의 당근을 나타내는 단어는 ④ 'carrot'입니다.

W: ① apple ② lemon
③ onion ④ carrot

여자: ① 사과 ② 레몬
③ 양파 ④ 당근

02 ②

② 'How old are you?'는 나이를 묻는 표현입니다.
• help 돕다

M: ① Is this your car?
② How old are you?
③ Can you help me?
④ What's your name?

남자: ① 이것은 당신의 자동차인가요?
② 당신은 몇 살인가요?
③ 당신은 저를 도와줄 수 있나요?
④ 당신의 이름은 무엇인가요?

03 ④

여자아이는 겨울을 가장 좋아한다고 하였으므로 정답은 ④입니다.
• season 계절
• snowman 눈사람

G: My favorite season is winter. I like the beautiful white snow. I love making snowmen.

소녀: 내가 가장 좋아하는 계절은 겨울이에요. 나는 아름다운 하얀색 눈을 좋아해요. 나는 눈사람을 만드는 것을 좋아해요.

04 ③

남자아이는 요리사가 되기를 원하기에 매주 수요일마다 ③ '요리 수업 듣기'를 한다고 말했습니다.
• different 여러 가지의
• exciting 신나는

B: I want to be a cook in the future. So I go to a cooking class every Wednesday. Making different kinds of food there is exciting.

소년: 나는 미래에 요리사가 되기를 원해요. 그래서 나는 매주 수요일마다 요리 수업에 참가해요. 거기에서 여러 가지 종류의 음식을 만드는 것은 신나요.

05 ①

비가 오는 날에 필요한 특별한 신발은 ①입니다.
• special 특별한
• rainy 비가 오는
• keep 유지하다
• dry 건조한, 마른

G: I need these special shoes on rainy days. Water doesn't get inside them. So they keep my feet dry.

소녀: 나는 이 특별한 신발을 비가 오는 날에 필요로 해요. 물은 그것(들) 안에 들어오지 않아요. 그래서 그것(들)은 내 발을 건조한 상태로 유지해 준답니다.

06 ④

샐러드를 먹겠냐는 말에 요리를 좋아하지 않는다고 답한 것은 자연스럽지 않으므로 정답은 ④입니다.
• terrible 심한
• may ~해도 된다

① W: I have a terrible cold.
M: You should see a doctor.
② W: May I open the window?
M: Yes, you may.
③ W: He's my favorite singer.
M: I like him, too.
④ W: Would you like some salad?
M: I don't like cooking.

① 여자: 저는 심한 감기에 걸렸어요.
남자: 당신은 의사의 진찰을 받아야 해요.
② 여자: 제가 창문을 열어도 되나요?
남자: 네, 그래도 돼요.
③ 여자: 그는 제가 가장 좋아하는 가수예요.
남자: 저도 그를 좋아해요.
④ 여자: 샐러드 좀 드실래요?
남자: 저는 요리를 좋아하지 않아요.

07 ②

두 아이는 많은 학생들이 오도록 행사를 홍보하기 위해 포스터를 만들기로 했으므로 정답은 ② '포스터 만들기'입니다.

B: Mia, the lunch concert at school is next month.
G: Right. Do you think many students will come?

소년: Mia, 학교 점심 콘서트가 다음 달이야.
소녀: 맞아. 너는 많은 학생들이 올 거라고 생각해?
소년: 잘 모르겠어. 포스터를 만드는 건 어때? 우

정답	JUMP UP 받아쓰기(스크립트)	해석
• advertise 홍보하다 • create 만들다	B: I'm not sure. How about making <u>posters</u>? We can advertise the event. G: Sounds good. Let's <u>create</u> posters together. B: Okay. Hopefully people will see them and come.	리는 그 행사를 홍보할 수 있어. 소녀: 좋은 생각이야. 포스터를 만들자. 소년: 좋아. 바라건대 사람들이 그것들을 보고 오면 좋겠어.
08 ③ 남자아이는 엄마를 위한 꽃병을 찾고 있는데 엄마가 초록색을 좋아한다며 여자가 제안해 주는 초록색 꽃병을 사겠다고 하였으므로 정답은 ③이다. • look for ~을 찾다 • vase 꽃병	B: Hi, I'm looking for a <u>vase</u> for my mom. W: Okay, how about this grey one? B: Well, she doesn't <u>really</u> like the color grey. W: Then we have a <u>lovely</u> green one. B: Oh, she likes green. I'll <u>take</u> that one.	소년: 안녕하세요, 저는 엄마를 위한 꽃병을 찾고 있어요. 여자: 알았어요, 이 회색 꽃병은 어때요? 소년: 음, 그녀는 회색 색깔을 실제로 좋아하지 않아요. 여자: 그러면 우리에게는 멋진 초록색 꽃병이 있어요. 소년: 오, 그녀는 초록색을 좋아해요. 그걸 살게요.
09 ② 여자아이는 자신의 태블릿 PC의 배터리가 없어 숙제를 위한 앱을 사용할 수 없기에 ② '숙제를 하기 위해서' 태블릿 PC를 빌릴 수 있는지 Sam에게 물었습니다. • borrow 빌리다 • dead 다 된, 다 닳은	G: Hi, Sam. Can I <u>borrow</u> your tablet? B: My tablet? What do you need it for? G: I need to use an app for my <u>homework</u>. My tablet's <u>battery</u> is dead. B: No problem, you can use mine. G: <u>Thank</u> you so much!	소녀: 안녕, Sam. 내가 네 태블릿 PC를 빌릴 수 있을까? 소년: 내 태블릿 PC? 너는 무슨 일로 그게 필요해? 소녀: 나는 숙제를 위해 앱을 사용해야 해. 내 태블릿 PC의 배터리가 다 되었거든. 소년: 문제없어, 넌 내 걸 사용해도 돼. 소녀: 정말 고마워!
10 ③ 가장 좋아하는 장난감이 무엇인지 묻는 남자아이의 말에 여자아이는 큰 귀를 가지고 선글라스를 쓰고 있는 토끼를 정말 좋아한다고 했으므로 정답은 ③입니다. • sunglasses 선글라스 • as well 또한, 역시	B: Amy, you have a lot of <u>toys</u>! G: Yeah, I love playing with them. B: <u>Which</u> one is your favorite? G: I really like this rabbit. It has big ears. B: Oh, it's <u>wearing</u> sunglasses as well. G: Yes, it looks <u>cool</u> with them on.	소년: Amy, 넌 많은 장난감들을 가지고 있구나! 소녀: 응, 나는 그것들과 노는 것을 좋아해. 소년: 어느 것이 네가 가장 좋아하는 거니? 소녀: 나는 이 토끼를 정말 좋아해. 그건 큰 귀를 가지고 있어. 소년: 오, 그건 선글라스도 또한 쓰고 있구나. 소녀: 응, 그걸 써서 멋져 보여.
11 ④ 내일 계획을 묻는 남자아이의 말에 Stella는 팬 사인회에 참석할 거라고 했으므로 정답은 ④ '팬 사인회 참석하기'입니다. • special 특별한 • sound ~처럼 들리다	B: Stella, do you have any <u>plans</u> for tomorrow? G: Yes, I'm going to a fan signing <u>event</u>. B: What's that? G: It's a special event for <u>fans</u> like me. I can meet my favorite singer there. B: Wow, that <u>sounds</u> cool!	소년: Stella, 너는 내일 어떤 계획들이 있니? 소녀: 응, 나는 팬 사인회에 갈 거야. 소년: 그게 뭐야? 소녀: 그건 나와 같은 팬들을 위한 특별한 행사야. 나는 내가 가장 좋아하는 가수를 거기에서 만날 수 있어. 소년: 와, 그거 멋진 걸!
12 ② Claire는 매주 일요일 아침에 배드민턴을 치고, 오후에는 기타를 치는 것을 연습하고, 저녁에	M: Claire is very busy <u>every</u> Sunday. In the morning, she plays <u>badminton</u> with her friends. In the afternoon, she	남자: Claire는 매주 일요일마다 매우 바쁩니다. 아침에, 그녀는 그녀의 친구들과 배드민턴을 칩니다. 오후에, 그녀는 기타를 치는 것을 연

정답	JUMP UP 받아쓰기(스크립트)	해석

는 저녁 식사를 요리한다고 했으므로 하지 않는 일은 ② '도서관 가기'입니다.
- busy 바쁜
- practice 연습하다

practices playing the guitar. In the evening, she cooks dinner for her family.

습합니다. 저녁에, 그녀는 (그녀의) 가족을 위해 저녁 식사를 요리합니다.

13 ③
놀라운 이야기들과 그림들을 만들고 그것들을 온라인에 공유해서 사람들이 웹툰을 볼 수 있다고 말했기에 설명에 알맞은 직업은 ③ '웹툰 작가'입니다.
- amazing 놀라운
- share 공유하다

W: I make amazing stories and drawings. Then, I share them online. People can read my webtoons on their phone or computer.

여자: 나는 놀라운 이야기들과 그림들을 만들어요. 그러고 나서, 나는 그것들을 온라인상에 공유해요. 사람들은 나의 웹툰을 그들의 휴대폰이나 컴퓨터로 읽을 수 있어요.

14 ③
제철 과일이 무엇인지 물어보고 수박이 맛있다라고 말하는 대화가 그림의 상황과 어울리는 대화이므로 정답은 ③입니다.
- in season 제철인
- right now 지금은

① W: You live in Seoul, don't you?
M: No, I live in Daejeon.
② W: Thank you for talking with me.
M: It's my pleasure.
③ W: What fruits are in season?
M: Watermelons are very tasty right now.
④ W: Excuse me, where's the post office?
M: Go straight one block.

① 여자: 당신은 서울에 살죠, 그렇지 않나요?
남자: 아니에요, 저는 대전에 살아요.
② 여자: 저와 이야기해 줘서 고마워요.
남자: 천만에요.
③ 여자: 어떤 과일이 제철인가요?
남자: 수박이 지금은 매우 맛있어요.
④ 여자: 실례합니다, 우체국은 어디에 있나요?
남자: 한 블록 곧장 가세요.

15 ①
축구 연습을 위해서 Peter가 목요일에 만날 것을 제안했고, 지수가 동의했기에 두 아이가 만나기로 한 요일은 ① '목요일'입니다.
- practice 연습하다
- grandparents 조부모님

[Cellphone rings.]
B: Hey, Jisu. What's up?
G: Hi, Peter. When should we meet to practice soccer?
B: What about this Friday after school?
G: Sorry, I have to visit my grandparents then.
B: Then how about Thursday?
G: Thursday is fine. See you at the school soccer field.

[휴대 전화가 울린다.]
소년: 안녕, 지수야. 무슨 일이야?
소녀: 안녕, Peter. 축구를 연습하기 위해 우리 언제 만나야 할까?
소년: 이번 주 금요일 방과 후는 어때?
소녀: 미안하지만, 나는 그때 조부모님을 방문해야 해.
소년: 그럼 목요일은 어때?
소녀: 목요일은 좋아. 학교 축구장에서 만나자.

16 ①
Brad는 가장 친한 친구인 Tom이 다른 학교로 전학을 가서 슬퍼하고 있으므로 정답은 ① 'sad'입니다.
- sad 슬픈
- spend (시간을) 보내다

G: Brad, what's the matter? You look sad.
B: I am. Tom moved to another school.
G: Oh, he's your best friend, isn't he?
B: Yes. We spent a lot of time together at school.
G: I'm sorry to hear that.

소녀: Brad, 무슨 일이야? 너 슬퍼 보여.
소년: 맞아. Tom이 다른 학교로 전학 갔어.
소녀: 오, 그는 너의 가장 친한 친구잖아, 그렇지 않니?
소년: 맞아. 우리는 학교에서 많은 시간을 같이 보냈어.
소녀: 그것 참 유감이다.
① 슬픈 ② 지루한 ③ 행복한 ④ 불안한

17 ③

영화관은 한 블록 곧장 가서 Main Street에서 왼쪽으로 돌면 오른쪽에 있으며, 그것은 은행 옆이라고 했으므로 정답은 ③입니다.

· theater 영화관, 극장
· bank 은행

B: Excuse me, is there a movie theater around here?
W: Yes, there's one nearby.
B: How can I get there from here?
W: Go straight one block and turn left on Main Street.
B: Main Street?
W: Yes. The theater will be on your right. It's next to the bank.

소년: 실례합니다, 영화관이 여기 근처에 있나요?
여자: 네, 근처에 하나 있어요.
소년: (제가) 여기에서 거기까지 어떻게 갈 수 있을까요?
여자: 한 블록 곧장 가서 Main Street에서 왼쪽으로 도세요.
소년: Main Street요?
여자: 네. 영화관은 당신의 오른쪽에 있을 거예요. 그것은 은행 옆에 있어요.

18 ②

여자가 남자에게 기타 때문에 여기에 왔냐고 묻고, 남자는 여자에게 기타에 대해서 이전에 문자를 보냈다고 했으므로 여자가 팔 물건은 ② 'guitar'입니다.

· text 문자를 보내다
· try out 시험해 보다

W: Excuse me, are you here for the guitar?
M: Yes, I am. I texted you earlier about it.
W: Oh, hi. Here it is.
M: It looks great. Can I try it out?
W: Sure, go ahead. This guitar has a beautiful sound.

여자: 실례합니다, 여기에 기타 때문에 오셨나요?
남자: 네, 맞아요. 제가 그것에 대해서 이전에 당신께 문자를 보냈어요.
여자: 오, 안녕하세요. 여기 (그게) 있어요.
남자: 그건 훌륭해 보이네요. 제가 그걸 시험해 봐도 될까요?
여자: 물론이죠, 그렇게 하세요! 이 기타는 아름다운 소리를 가지고 있어요.
① 라디오 ② 기타 ③ 카메라 ④ 스피커

19 ④

남자 형제가 몇 명인지 묻는 말에 이어질 응답으로 알맞은 것은 ④ 'I don't have any brothers.'입니다.

· go on a picnic 소풍을 가다

W: How many brothers do you have?

여자: 당신은 몇 명의 남자 형제 있나요?
① 그들은 소풍을 갔어요.
② 그는 지금 10살이에요.
③ 그것은 제가 가장 좋아하는 게 아니에요.
④ 저는 남자 형제가 없어요.

20 ③

아빠가 딸에게 내일 현장 체험 학습에서 좋은 시간을 보내길 바란다고 말한 뒤, 모든 짐을 다 쌌는지 물었으므로 이어질 응답으로 알맞은 것은 ③ 'Of course, I already did.'입니다.

· field trip 현장 체험 학습
· by the way 그런데

M: Sarah, are you excited for tomorrow's field trip?
G: Yes, Dad. I'm very excited! I can't wait!
M: I hope you have a great time. By the way, did you pack everything?

남자: Sarah, 너는 내일 현장 체험 학습 때문에 신이 나니?
소녀: 네, 아빠. 저는 매우 신나요! 저는 기다릴 수 없어요!
남자: 나는 네가 좋은 시간을 보내길 바란다. 그런데, 너는 모든 짐을 다 쌌니?
① 그것은 20달러가 들 거예요.
② 당신은 여기에서 먹으면 안 돼요.
③ 물론이죠, 저는 이미 다 쌌어요.
④ 아니요, 저는 캠핑을 좋아하지 않아요.

♬ **LISTEN UP** 실력 높여 보기 본문 98쪽

01 ⑤   **02** ④   **03** ①   **04** ③   **05** ④

01 ⑤

영어 팝송 대회의 추가 정보는 2층의 포스터에서 확인할 수 있다고 했으므로 정답은 ⑤ '3층의 포스터에서 추가 정보를 확인할 수 있다.'입니다.

• contest 대회
• sign up 등록하다
• information 정보

W: Hi, this is Ms. Kim, your English teacher. The English Pop Song Contest is next Tuesday. All students can enter it. Teams are also welcome. You should sign up by Thursday. For more information, see the poster on the second floor.

여자: 안녕하세요, 여러분들의 영어 선생님인 Ms. Kim입니다. 영어 팝송 대회가 다음 주 화요일입니다. 모든 학생들은 그것에 참가할 수 있습니다. 팀 참가도 환영된답니다. 여러분은 목요일까지 등록해야 합니다. 더 많은 정보를 위해서는 2층의 포스터를 보세요.

02 ④

여자아이는 오늘까지 마감인 줄 알고 있던 역사 숙제를 가지고 오지 않아서 걱정하다가 남자아이가 다음 주까지 시간이 있다고 말하자 안도하였으므로, 정답은 ④ 'worried → relieved'입니다.

• due ~하기로 되어 있는
• relief 다행, 안도

G: Oh my gosh!
B: What's wrong, Lucy?
G: I didn't bring my history homework.
B: History homework?
G: Yeah, what should I do? It's due today.
B: Wait, Mr. Shin gave us more time. It's not due until next week.
G: Really? Phew! That's a relief!

소녀: 맙소사!
소년: 무슨 일이야, Lucy?
소녀: 나는 역사 숙제를 가지고 오지 않았어.
소년: 역사 숙제?
소녀: 응, 내가 뭘 해야 하지? 그건 오늘까지 하기로 되어 있는데.
소년: 기다려봐, 신 선생님께서 우리에게 더 많은 시간을 주셨어. 그건 다음 주까지 하기로 되어 있어.
소녀: 정말? 휘! 그거 다행이다!
① 행복한 → 슬픈
② 자랑스러워하는 → 화가 난
③ 지루한 → 신이 난
④ 걱정하는 → 안도하는
⑤ 긴장한 → 놀란

03 ①

Emily가 무대 위에서 노래하기 전 긴장되어 보이자 Ryan은 긴장을 풀도록 도와주고 싶어 합니다. 따라서 긴장하지 말라고 하는 것이 알맞으므로 정답은 ① 'don't be nervous. You'll do fine.'입니다.

• nervous 긴장한
• situation 상황

W: Ryan's best friend, Emily, is going to sing on stage. Emily is really good at singing. But she looks very nervous. Ryan wants to help her relax. In this situation, what would Ryan say to her?

여자: Ryan의 가장 친한 친구인 Emily는 무대 위에서 노래를 할 것입니다. Emily는 정말 노래를 잘 부릅니다. 하지만 그녀는 매우 긴장해 보입니다. Ryan은 그녀가 긴장을 풀도록 돕고 싶어 합니다. 이런 상황에서 Ryan은 그녀에게 무슨 말을 할 것 같나요?
① 긴장하지 마. 너는 잘할 거야.
② 너는 왜 나에게 그렇게 화가 났니?
③ 나는 춤추는 것을 좋아해. 너는 어때?
④ 너는 지금 샤워를 하는 게 낫겠다.
⑤ 봐! 밖에 비가 정말 많이 내리고 있어.

04 ③

현재 7시 30분이고, 마술 쇼는 15분 후에 시작된다고 말했기에 마술 쇼의 시작 시각은 ③ '7시 45분'입니다.

• magic 마술
• grab 먹다, 붙잡다

W: Why don't we have a snack before the magic show?
M: Do we have time? The show is starting soon.
W: It's only 7:30 now. We have some time.
M: But the show starts in 15 minutes.

여자: 마술 쇼 전에 과자를 먹는 게 어때요?
남자: 시간이 있어요? 그 쇼는 곧 시작할 거예요.
여자: 지금 7시 30분밖에 안 됐어요. 우리는 약간의 시간이 있어요.
남자: 하지만, 그 쇼는 15분 후에 시작해요.
여자: 걱정하지 마세요. 우리는 안 늦을 거예요. 과자를 먹어요.

정답	스크립트	해석
	W: Don't worry. We won't be late. Let's grab a snack. M: Alright.	남자: 알았어요.
05 ④ 남자는 Amy가 롤러코스터를 타는 것을 좋아한다며 놀이공원에 같이 가는 것이 어떤지 물었으므로 이어질 응답으로 알맞은 것은 ④ 'That's a great idea. She'll be very happy.'입니다. • roller coaster 롤러코스터 • amusement park 놀이공원	W: Honey, do you have any good ideas for Amy's birthday? M: Well. Let's think about her favorite things. W: Hmm.... She likes swimming, but it's really cold these days. M: Right. Oh, she loves riding roller coasters! W: Yeah, she loves that! M: Then, why don't we go to an amusement park together?	여자: 여보, Amy의 생일을 위해 어떤 좋은 생각 있어요? 남자: 음. 그녀가 가장 좋아하는 것들에 대해 생각해 봐요. 여자: 흠…. 그녀는 수영을 좋아하지만, 요즘은 정말 추워요. 남자: 맞아요. 오, 그녀는 롤러코스터를 타는 걸 좋아해요! 여자: 맞아요, 그녀는 그걸 매우 좋아해요! 남자: 그러면, 우리 놀이공원에 같이 가는 게 어때요? ① 우리는 어제 같이 쇼핑하러 갔어요. ② 수영장으로 가요. 저는 수영을 좋아해요. ③ 저는 당신에게 몇 가지 다른 예들을 줄 수 없어요. ④ 그거 좋은 생각이에요. 그녀는 매우 행복해할 거예요. ⑤ 당신은 어쨌든 지금은 여기에 있으면 안 돼요.

 **FLY UP**

본문 104~105쪽

01 A Would you like some salad? / 샐러드 좀 드실래요?

02 B Yes, you may. / 네, 그러세요.

03 A What do you want to be? / 당신은 뭐가 되고 싶나요?

04 B Yes, I'm going to a fan signing event. / 응, 나는 팬 사인회에 갈 거야.

05 A Is there a movie theater around here? / 영화관이 여기 근처에 있나요?

06 How old are you? / 당신은 몇 살인가요?

07 I love playing with them. / 나는 그것들과 노는 것을 좋아해요.

08 You should see a doctor. / 너는 의사의 진찰을 받아야 해.

09 How can I get there? / 제가 거기까지 어떻게 갈 수 있을까요?

10 Are you excited for tomorrow's field trip? / 너는 내일 현장 체험 학습 때문에 신이 나니?

 **SPEAK UP**

본문 106쪽

01 Can you help me?

02 I like making cookies.

03 I have a cold.

04 Which one is your favorite?

05 She cooks dinner for her family.

06 He's your little brother, isn't he?

07 How many cousins do you have?

Listen & Speak Up 8

WARM UP

본문 107쪽

A
01 dessert, 후식		**02** Chinese, 중국어		**03** discount, 할인
04 homework, 숙제		**05** gathering, 모임		**06** jump rope, 줄넘기
07 haircut, 이발, 머리 깎기		**08** past, 과거의; 과거		**09** bottom, 맨 아래
10 polite, 예의 바른				

B
01 dessert	**02** Chinese	**03** discount	**04** homework	**05** gathering
06 jump rope	**07** haircut	**08** past	**09** bottom	**10** polite

LISTEN UP JUMP UP

LISTEN UP 듣기평가 모의고사 8

본문 108~117쪽

01 ①	02 ④	03 ②	04 ①	05 ①	06 ④	07 ④	08 ①	09 ④	10 ②
11 ④	12 ②	13 ③	14 ③	15 ④	16 ④	17 ③	18 ③	19 ①	20 ④

정답	JUMP UP 받아쓰기(스크립트)	해석
01 ① 그림의 우는 동작을 나타내는 단어는 ① 'cry'입니다.	W: ① cry ② bake ③ walk ④ jump	여자: ① 울다 ② 굽다 ③ 걷다 ④ 점프하다
02 ④ ④ 'What did you do yesterday?'는 어제 한 일을 묻는 표현입니다. · late 늦은 · shopping 쇼핑	M: ① How much is it? ② Why are you late? ③ Do you like shopping? ④ What did you do yesterday?	남자: ① 그건 얼마예요? ② 당신은 왜 늦었나요? ③ 당신은 쇼핑을 좋아하나요? ④ 당신은 어제 무엇을 했나요?
03 ② 여자아이가 가장 좋아하는 후식은 아이스크림이라고 했으므로	G: My favorite dessert is ice cream. It tastes very sweet. I really enjoy it on	소녀: 내가 가장 좋아하는 후식은 아이스크림이에요. 그것은 맛이 매우 달콤해요. 나는 더운

정답	JUMP UP 받아쓰기(스크립트)	해석
정답은 ②입니다. • dessert 후식 • taste 맛이 ~하다	hot days.	날에 그것을 정말로 즐겨요.
04 ① 남자아이는 중국에 살았었고 중국어를 거기에서 공부했기에 중국어를 잘 말할 수 있으므로 정답은 ① '중국어 말하기'입니다. • Chinese 중국어 • speak 말하다	B: I lived in China before. I studied Chinese there. So I can speak Chinese well now.	소년: 나는 전에 중국에 살았어요. 거기에서 나는 중국어를 공부했어요. 그래서 나는 지금 중국어를 잘 말할 수 있어요.
05 ① 재미있는 야외 활동이며 텐트 안에서 잠을 자고 불에 요리를 하는 활동은 ①입니다. • outdoor 야외의 • tent 텐트	W: This is a fun outdoor activity. People sleep outside in tents and cook over a fire. It's a fun family time outside.	여자: 이것은 재미있는 야외 활동이에요. 사람들은 야외의 텐트 안에서 잠을 자고 불에 요리를 해요. 그건 밖에서의 즐거운 가족 시간이에요.
06 ④ 새로운 집으로 이사했는지 묻는 말에 날씨가 맑을 것이라고 답한 것은 자연스럽지 않으므로 정답은 ④입니다. • discount 할인 • move 이사하다	① W: What's your name? M: My name is Daniel Kim. ② W: Can I get a discount? M: I'm sorry, but you can't. ③ W: Is your sister taller than you? M: No, she's shorter than me. ④ W: Did you move to a new house? M: It'll be sunny today.	① 여자: 당신의 이름은 무엇인가요? 남자: 제 이름은 Daniel Kim이에요. ② 여자: 제가 할인을 받을 수 있나요? 남자: 죄송하지만, 안 됩니다. ③ 여자: 당신의 여동생은 당신보다 키가 더 크나요? 남자: 아니에요. 그녀는 저보다 키가 더 작아요. ④ 여자: 당신은 새집으로 이사했나요? 남자: 오늘은 맑을 것입니다.
07 ④ 남자와 여자는 아이의 첫 번째 생일이 다음 달에 있기에 파티를 열자고 하였으므로 정답은 ④ '아기 생일 파티하기'입니다. • party 파티 • excited 신이 난	W: Honey, our baby's first birthday is coming up next month. M: Yes! Let's have a party with our family and friends. W: Good idea! I can't wait! M: I'm excited, too. W: Yeah, it's going to be a fun and happy day.	여자: 여보, 우리 아기의 첫 번째 생일이 다음 달로 다가오고 있어요. 남자: 맞아요! 우리 가족 및 친구들과 함께 파티를 열어요. 여자: 좋은 생각이에요! 너무 기다려져요[기대돼요]! 남자: 저도 신이 나요. 여자: 네, 즐겁고 행복한 날이 될 거예요.
08 ① 수학 숙제를 위해 자를 빌릴 수 있는지 묻는 말에 Matt가 여기 있다고 하였으므로 정답은 ①입니다. • borrow 빌리다 • math 수학	G: Matt, do you have a ruler? B: Yes, I have one. G: Can I borrow it for a minute? B: Sure. What do you need it for? G: I need it for my math homework. B: Okay, here you go.	소녀: Matt, 너는 자를 가지고 있니? 소년: 응, 나는 하나 가지고 있어. 소녀: 내가 그걸 잠시 빌려도 돼? 소년: 물론이지. 그걸 뭐 때문에 필요로 해? 소녀: 나는 그게 내 수학 숙제를 위해 필요해. 소년: 알았어, 여기 있어.
09 ④ 남자는 이번 주에 ④ '조부모님	M: Ellie, we should change the date for	남자: Ellie, 우리는 (우리의) 가족 모임 날짜를 변

정답	JUMP UP 받아쓰기(스크립트)	해석
이 올 수 없어서' 가족 모임 일정을 변경해야 한다고 하였습니다. • gathering 모임 • same 같은	our family gathering. G: Why, Dad? M: Well, <u>Grandma</u> and Grandpa can't come this week. G: Okay. When should we <u>change</u> it to? M: How about next Saturday, at the same time? G: That works for me! I'll <u>write</u> it down.	경해야 해. 소녀: 왜요, 아빠? 남자: 음, 할머니와 할아버지가 이번 주에 못 오셔. 소녀: 알았어요, 우리는 그걸 언제로 바꿔야 해요? 남자: 다음 주 토요일, 같은 시간은 어떠니? 소녀: 좋아요! 제가 그걸 적어 둘게요.
10 ② 여자아이가 줄넘기를 하고 있는 남자아이가 누구냐고 묻자 남자아이가 Ben이라고 하였으므로 정답은 ②입니다. • playground 운동장 • jump rope 줄넘기	B: Look! There are some <u>students</u> in the playground. G: Right. Oh, Minho is playing <u>basketball</u>. B: Yeah, he really likes basketball. G: Who's that boy? He's doing <u>jump</u> rope. He's new to me. B: His name is Ben. He just moved to our <u>school</u>.	소년: 봐! 운동장에 몇몇 학생들이 있어. 소녀: 맞아. 오, 민호가 농구를 하고 있네. 소년: 응, 그는 농구를 정말 좋아해. 소녀: 저 남자아이는 누구야? 그는 줄넘기를 하고 있어. 그는 나에게 새로운 걸. 소년: 그의 이름은 Ben이야. 그는 막 우리 학교로 전학 왔어.
11 ④ 내일 할 일을 묻는 남자아이의 말에 Mia는 자신의 개를 이발하러 갈 것이라고 했으므로 정답은 ④ '반려동물 미용시키기'입니다. • interesting 흥미로운 • haircut 이발, 머리 깎기	B: Mia, what are you going to do <u>tomorrow</u>? G: Something special for my dog. B: Sounds <u>interesting</u>. What is it? G: I'm taking my dog for a <u>haircut</u>. B: Oh, your dog will look really cute after the haircut. G: Yeah, I <u>hope</u> so.	소년: Mia야, 너는 내일 무엇을 할 거니? 소녀: 내 개를 위한 특별한 뭔가. 소년: 흥미로운 걸. 그게 뭐야? 소녀: 나는 내 개를 이발하러 데려갈 거야. 소년: 오, 네 개는 이발을 한 후 정말 귀여워 보일 거야. 소녀: 응, 나도 그러길 바라.
12 ② Dora는 일요일마다 아침에는 식물들에 물을 주고, 오후에는 수영을 하고, 저녁에는 남동생에게 이야기책을 읽어 준다고 하였으므로 하지 않는 일은 ② '퍼즐 완성하기'입니다. • water 물을 주다 • storybook 이야기책	M: Dora's <u>Sundays</u> are always busy. In the morning, she waters the plants. In the <u>afternoon</u>, she goes swimming at the <u>pool</u>. In the evening, she reads <u>storybooks</u> to her little brother. What a full day!	남자: Dora의 일요일은 항상 바빠요. 아침에, 그녀는 식물들에 물을 줍니다. 오후에, 그녀는 수영장에 수영을 하러 가요. 저녁에, 그녀는 (그녀의) 남동생에게 이야기책을 읽어 줍니다. 바쁜 하루네요!
13 ③ 과거의 사건들에 초점을 맞추고 오래전의 사람들, 장소들, 사건들에 관한 과목은 ③ '역사'입니다. • focus on 초점을 맞추다 • past 과거의; 과거	W: This subject <u>focuses</u> on past <u>events</u>. It's about people, places, and events from long ago. Students can <u>learn</u> about the <u>past</u> from this subject.	여자: 이 과목은 과거의 사건들에 초점을 맞춥니다. 그것은 오래전의 사람들, 장소들, 그리고 사건들에 관한 것입니다. 학생들은 이 과목으로부터 과거에 관해 배울 수 있습니다.
14 ③ 서울로 가는 기차표를 사기를	① W: Would you like some more?	① 여자: 좀 더 드실래요?

정답	JUMP UP 받아쓰기(스크립트)	해석
원한다고 말하고 몇 시에 출발하고 싶은지를 물어보는 대화가 그림의 상황과 어울리므로 정답은 ③입니다. • give up 포기하다 • leave 출발하다, 떠나다	M: No, thanks. I'm full. ② W: Don't give up! You can do it! 　M: Thanks, I'll try again. ③ W: Hi, I'd like to buy a ticket for Seoul. 　M: What time would you like to leave? ④ W: What do you think of this painting? 　M: I think it's great.	남자: 고맙지만 괜찮아요. 전 배가 불러요. ② 여자: 포기하지 마세요! 당신은 그것을 할 수 있어요! 　남자: 고마워요, (제가) 다시 해 볼게요. ③ 여자: 안녕하세요, 저는 서울행 표를 사고 싶어요. 　남자: 몇 시에 출발하기를 원하세요? ④ 여자: 이 그림에 대해서 어떻게 생각하세요? 　남자: 제 생각에 그건 훌륭한 것 같아요.
15 ④ 자전거를 타러 가자는 남자아이의 제안에 여자아이는 일요일에 가능하다고 말했고, 남자아이가 이에 동의했으므로 정답은 ④ '일요일'입니다. • bike ride 자전거 타기 • rain 비가 오다	B: Hey, let's go for a bike ride this Friday! G: But it's going to rain then. B: Well, what about Saturday? G: I have to help my dad on Saturday. But I can do on Sunday. B: Sunday works for me, too. See you at school. G: Okay.	소년: 야, 이번 주 금요일에 자전거 타러 가자! 소녀: 하지만 그때는 비가 올 거야. 소년: 음, 토요일은 어때? 소녀: 나는 토요일에 아빠를 도와줘야 해. 하지만 일요일은 할 수 있어. 소년: 일요일은 나에게도 좋아. 학교에서 보자. 소녀: 알았어.
16 ④ Grace가 아빠에게 가장 좋아하는 장난감을 잃어버려 속상하다고 말했으므로 정답은 ④ 'upset'입니다. • by mistake 실수로 • upset 속상한	M: Grace, what's wrong? G: Dad, I lost my favorite toy. M: What? Where? G: I left it in the park by mistake. I went back for it, but it was gone. M: Oh, I'm sorry to hear that. G: I'm so upset.	남자: Grace, 무슨 일이니? 소녀: 아빠, 저는 제가 가장 좋아하는 장난감을 잃어버렸어요. 남자: 뭐라고? 어디에서? 소녀: 저는 그걸 실수로 공원에 두고 왔어요. 다시 가 봤지만 그건 없었어요. 남자: 오, 그것 참 유감이구나. 소녀: 저는 정말 속상해요. ① 지루한　　　② 행복한 ③ 자랑스러워하는　④ 속상한
17 ③ 모자는 옷장 안에도 없었고 침대 밑에도 없었지만, 여자아이가 장난감 상자의 맨 아래에서 모자를 찾았다고 하였으므로 정답은 ③입니다. • closet 옷장 • bottom 맨 아래	M: Amy, did you find your cap yet? G: No, it wasn't in my closet. M: Did you look under your bed? G: Yes. It's not there. M: Hmm, let's check your toy box. G: Oh, I found it! It was at the bottom of the toy box.	남자: Amy, 너는 네 모자를 아직 못 찾았니? 소녀: 네, 그건 제 옷장에 없었어요. 남자: 침대 밑은 살펴보았니? 소녀: 네. 그건 거기에 없어요. 남자: 흠, 네 장난감 상자를 확인해 보자. 소녀: 오, (저는) 그걸 찾았어요! 그건 장난감 상자의 맨 아래에 있었어요.
18 ③ John은 자신이 가장 좋아하는 ③ 'magician'을 만날 것이 기대된다고 말했습니다. • polite 예의 바른 • print out 출력하다	W: John, you look excited. B: Yes, Mom. I can't wait to meet my favorite magician. W: It's exciting, but be polite during the interview.	여자: John, 너 신나 보여. 소년: 네, 엄마. 저는 제가 가장 좋아하는 마술사를 만날 것이 기대돼요. 여자: 그건 신나겠지만, 인터뷰 동안에는 예의를 갖추렴.

정답	JUMP UP 받아쓰기(스크립트)	해석
	B: Of course, I will. W: By the way, did you <u>print</u> out the interview questions? B: Oh, I forgot. I'll do it now. Thanks, Mom.	소년: 물론이죠, (저는) 그럴 거예요. 여자: 그런데, 너는 인터뷰 질문들을 출력했니? 소년: 오, (저는) 잊어버렸어요. 지금 그걸 할게요. 고마워요, 엄마. ① 가수 ② 기자 ③ 마술사 ④ 프로그래머
19 ① 여기서 사진을 좀 찍어도 되는지 물었으므로 알맞은 응답은 ① 'I'm sorry, but you can't.' 입니다. • take a picture 사진을 찍다 • mistake 실수	B: Can I take <u>some pictures</u> here?	소년: 여기서 제가 사진을 좀 찍어도 되나요? ① 미안하지만, 당신은 그럴 수 없어요. ② 네, 이 카메라는 제 것입니다. ③ 미안해요, 그건 제 실수예요. ④ 그는 이 사진을 좋아하지 않습니다.
20 ④ 여자의 소풍 가자는 말에 남자는 좋은 생각이라며 어디로 가야 하는지 물었으므로 이어질 응답으로 알맞은 것은 ④ 'How about that park near the lake?'입니다. • turn on ~을 켜다 • disappointing 실망스러운	M: The <u>weather</u> is so nice. W: Yeah, why don't <u>we</u> go on a <u>picnic</u>? M: Great idea! <u>Where</u> should we go?	남자: 날씨가 정말 좋아요. 여자: 네, 우리 소풍 가는 게 어때요? 남자: 좋은 생각이에요! 우리는 어디로 가면 될까요? ① 저를 위해 불을 켜 주세요. ② 당신은 만화책 읽는 것을 좋아하나요? ③ 그건 저에게 매우 실망스러웠어요. ④ 호수 근처의 저 공원은 어때요?

🎵 LISTEN UP 실력 높여 보기

본문 112쪽

01 ③ **02** ④ **03** ④ **04** ④ **05** ⑤

정답	스크립트	해석
01 ③ 작가 이름(Claire Choi), 개최 요일(next Monday), 강의 주제(writing tips), 신청 장소 (school library)는 언급했지만, ③ '시작 시각'은 언급하지 않았습니다. • tip 조언 • interested 흥미가 있는	M: Hello, this is Mr. Lee. The famous writer, Claire Choi will visit our school next Monday. She'll be here to talk about writing tips. If you're interested, come to the school library to sign up.	남자: 안녕하세요, 저는 Mr. Lee입니다. 유명한 작가인 Claire Choi가 다음 주 월요일에 우리 학교를 방문할 예정입니다. 그녀는 글쓰기 조언에 대해 말하기 위해 여기에 올 겁니다. (여러분들이) 흥미가 있다면, 학교 도서관으로 신청하러 오세요.
02 ④ 한복을 빌릴 수 있는지 여자아이가 물었고 치수와 원하는 색깔을 남자가 물었으므로 정답은 ④ '한복 대여점'입니다. • a variety of 여러 가지의 • option 선택(권)	G: Hi, can I rent a hanbok? M: Sure. We have a variety of hanboks. What size are you looking for? G: I need a small. M: Alright. And what color do you want? G: Something bright and colorful.	소녀: 안녕하세요, 제가 한복을 빌릴 수 있을까요? 남자: 물론이죠. 저희는 여러 가지의 한복들을 가지고 있어요. 당신은 어떤 치수를 찾고 있나요? 소녀: 저는 작은 치수가 필요해요. 남자: 알았어요. 그리고 당신은 어떤 색깔을 원하나요?

정답	스크립트	해석
	M: Okay, let me show you some options.	소녀: 밝고 화려한 것이요. 남자: 좋아요, 몇 가지 선택할 수 있는 것들을 보여 줄게요.

03 ④

다섯 시에 전화를 다시 하겠다는 말에 고맙다면서 잊어버리지 말아 달라고 답하는 것이 알맞으므로 정답은 ④입니다.

- fault 잘못
- forget 잊어버리다

① W: It was nice talking to you.
  M: You can't touch it.
② W: How do you spell it?
  M: Well, it's not my fault.
③ W: What's your favorite subject?
  M: I have to get up early.
④ W: I'll call you back at 5 o'clock.
  M: Thanks. Please don't forget.
⑤ W: Can I open the window?
  M: I don't want to miss this chance.

① 여자: 좋은 대화였어요.
  남자: 당신은 그걸 만질 수 없어요.
② 여자: (당신은) 그것의 철자는 뭔가요?
  남자: 음, 그건 제 잘못이 아니에요.
③ 여자: 당신이 가장 좋아하는 과목은 뭔가요?
  남자: 저는 일찍 일어나야 해요.
④ 여자: 제가 다섯 시에 당신에게 다시 전화할게요.
  남자: 고마워요. 잊어버리지 말아 주세요.
⑤ 여자: 제가 창문을 열어도 될까요?
  남자: 저는 이 기회를 놓치고 싶지 않아요.

04 ④

Emily는 지금 9시 30분으로 알고 있지만, 실제로는 벌써 ④ '10시 10분'이라고 Brad가 말했습니다.

- already 벌써, 이미
- work 작동되다

[Cellphone rings.]
B: Hi, Emily. Where are you?
G: Hi, Brad. I'm home. What's going on?
B: What? We planned to meet at the library at this time.
G: No, not until 10 a.m. It's 9:30 now, isn't it?
B: Actually, it's already 10:10.
G: Really? [Pause] Oh, my clock stopped working. Sorry, I'll be there soon.

[휴대 전화가 울린다.]
소년: 안녕, Emily. 너는 어디야?
소녀: 안녕, Brad. 나는 집이야. 무슨 일이야?
소년: 뭐라고? 우리는 이때에 도서관에서 만나기로 했잖아.
소녀: 아니야, 오전 10시까지는 아니지. 지금 9시 30분이잖아, 그렇지 않아?
소년: 사실, 벌써 10시 10분이야.
소녀: 정말? [잠시 후] 오, 내 시계가 작동을 멈췄어. 미안해, 곧 거기로 갈게.

05 ⑤

밖에 비가 오는 상황에서 우산을 가지고 있는 Olivia가 우산이 없는 Peter를 보고 우산을 같이 쓰고 싶을 때 할 수 있는 알맞은 말은 ⑤ 'I can share my umbrella with you.'입니다.

- without ~ 없이
- share 함께 쓰다, 공유하다
- situation 상황

W: School is over and it's time to go home. It's raining outside, and Olivia has an umbrella. Then she sees Peter without one. She wants to share her umbrella with him. In this situation, what would Olivia say to Peter?

여자: 학교가 끝나서 집에 갈 시간입니다. 밖에는 비가 내리고 있고 Olivia는 우산을 가지고 있습니다. 그때 그녀는 우산이 없는 Peter를 봅니다. 그녀는 그녀의 우산을 그와 함께 쓰고 싶습니다. 이런 상황에서 Olivia는 어떤 말을 Peter에게 할 것 같나요?
① 나는 비가 오는 날을 정말 많이 좋아해.
② 너는 그걸 어디에서 샀니?
③ 미안하지만, 나는 너를 도와줄 수 없어.
④ 너는 새 장화를 사야만 해.
⑤ 나는 내 우산을 너와 같이 쓸 수 있어.

FLY UP

본문 118~119쪽

01　A　What's your favorite dessert? / 당신이 가장 좋아하는 후식은 무엇인가요?

02　B　No, thanks. I'm full. / 고맙지만 괜찮아요. 저는 배가 불러요.

03　A　What do you think of this? / 이것에 대해 어떻게 생각하세요?

04 B No, she's shorter than me. / 아니에요, 그녀는 저보다 키가 더 작아요.

05 A What's wrong? / 무슨 일이니?

06 I can speak Chinese well. / 나는 중국어를 잘 말할 수 있어요.

07 I have to help my dad. / 나는 나의 아빠를 도와줘야 해요.

08 I went back for it. / 나는 그걸 위해 다시 가 봤어요.

09 There are some students. / 몇몇 학생들이 있어요.

10 People sleep outside in tents. / 사람들은 야외의 텐트 안에서 잠을 자요.

SPEAK UP

본문 120쪽

01 Do you have an eraser?

02 Did you move to a new house?

03 Students can learn about the past.

04 Why are you upset?

05 How about next Saturday?

06 Can I take a photo?

07 I left the toy in the park.

Listen & Speak Up 9

WARM UP

본문 121쪽

A
01 top, 꼭대기, 정상   **02** drama, 연극   **03** rent, 빌리다
04 instead of, ~ 대신에   **05** dentist, 치과 의사   **06** suitcase, 여행 가방
07 take care of, ~을 돌보다   **08** onion, 양파   **09** community center, 지역 문화 센터
10 dream job, 꿈꾸던 직업

B
01 top   **02** drama   **03** rent   **04** instead of   **05** dentist
06 suitcase   **07** take care of   **08** onion   **09** community center   **10** dream job

LISTEN UP   JUMP UP

LISTEN UP   듣기평가 모의고사 9

본문 122~131쪽

01 ③	02 ④	03 ④	04 ④	05 ④	06 ②	07 ①	08 ②	09 ③	10 ②
11 ①	12 ①	13 ②	14 ②	15 ④	16 ②	17 ③	18 ①	19 ④	20 ①

정답	JUMP UP 받아쓰기(스크립트)	해석

01 ③

그림의 소방관을 나타내는 단어는 ③ 'firefighter'입니다.

W: ① doctor ② teacher
③ firefighter ④ police officer

여자: ① 의사 ② 선생님
③ 소방관 ④ 경찰관

02 ④

④ 'What color is it?'은 색깔을 묻는 표현입니다.
· color 색깔

M: ① Where is it?
② Can I use it?
③ Do you like it?
④ What color is it?

남자: ① 그것은 어디에 있나요?
② 제가 그걸 사용해도 될까요?
③ 당신은 그걸 좋아하나요?
④ 그것은 무슨 색깔인가요?

03 ④

남자아이는 자신이 가장 좋아하는 활동이 등산이라고 말했으므로 정답은 ④입니다.
· hiking 등산
· plant 식물

B: I like many different activities, but hiking is my favorite. I see lots of beautiful flowers and plants on my hikes. I feel happy at the top of the mountain.

소년: 나는 많은 여러 가지의 활동들을 좋아하지만, 등산이 내가 가장 좋아하는 것이에요. 나는 많은 아름다운 꽃들과 식물들을 (나의) 등산 중에 봐요. 나는 산 정상에서 행복을 느껴요.

04 ④

여자아이는 학교의 연극 동아리 회원이며 매주 화요일마다 친구들과 함께 ④ '연기 연습'을 한다고 말했습니다.
· drama 연극
· different 여러 가지의

G: I'm a member of the school drama club. I practice acting with my friends every Tuesday. I enjoy playing different roles.

소녀: 나는 학교 연극 동아리의 회원이에요. 나는 매주 화요일마다 내 친구들과 연기를 연습해요. 나는 여러 가지의 역할들을 연기하는 것을 즐겨요.

05 ④

더운 날에 시원해질 수 있게 도와주고 앞뒤로 흔들면 더 시원함을 느끼게 해 주는 것은 ④입니다.
· hold 들다
· back and forth 앞뒤로

B: On hot days, this can help you cool down. Hold it and move it back and forth. Then you will start feeling cooler.

소년: 더운 날에, 이것은 당신이 시원해지도록 도와줄 수 있어요. 그것을 들고 앞뒤로 움직여 보세요. 그러면 당신은 더 시원함을 느끼기 시작할 거예요.

06 ②

창문을 열어도 되냐는 물음에 좋은 시간을 보냈다고 답한 것은 자연스럽지 않으므로 정답은 ②입니다.
· quarter 15분, 4분의 1
· weather 날씨

① W: What time is it now?
M: A quarter to five.
② W: May I open the window?
M: I had a great time.
③ W: Are you good at playing tennis?
M: No, I'm not.
④ W: What's the weather like in Paris?
M: It's windy and rainy.

① 여자: 지금 몇 시예요?
남자: 5시 15분 전이에요.
② 여자: 제가 창문을 열어도 되나요?
남자: 전 좋은 시간을 보냈어요.
③ 여자: 당신은 테니스를 잘 치나요?
남자: 아니요, 저는 못 쳐요.
④ 여자: 파리의 날씨는 어때요?
남자: 바람이 불고 비가 와요.

07 ①

롤러스케이트를 빌리자는 여자아이의 말에 남자아이는 스케이트를 못 탄다고 말했고, 여자아이가 괜찮다며 자전거를 타자고 말하자 남자아이가 동의했으므로

B: Wow, this park is so beautiful.
G: Yeah, it is. Why don't we rent roller skates? Skating around here will be fun.
B: Oh, I can't skate.

소년: 와, 이 공원은 정말 아름다워.
소녀: 응, 맞아. 우리 롤러스케이트를 빌리는 게 어때? 여기 부근에서 스케이트를 타는 것은 재미있을 거야.
소년: 오, 나는 스케이트를 못 타.

정답	JUMP UP 받아쓰기(스크립트)	해석
로 정답은 ① '자전거'입니다. • rent 빌리다 • skate 스케이트를 타다	G: That's okay. Then let's <u>ride</u> bikes. B: Sounds <u>good</u>. Biking will be fun.	소녀: 괜찮아. 그러면 자전거를 타자. 소년: 좋은 생각이야. 자전거를 타는 것은 재미있을 거야.
08 ② 여자아이가 후식으로 사과를 가져오겠다고 하자 남자아이는 사과를 좋아하지 않는다고 하였으므로 정답은 ②입니다. • dessert 후식 • fan 팬	B: Look at all these <u>desserts</u>! G: Yeah, I'm so excited! B: Let's get some cake and <u>cookies</u>. G: Great. I'll get some apples, too. B: Oh, I'm not really a <u>fan</u> of apples. G: Ah, I didn't <u>know</u> that.	소년: 이 모든 후식들을 봐! 소녀: 응, 나는 매우 신이 나! 소년: 약간의 케이크와 쿠키들을 가져오자. 소녀: 좋아. 나는 사과도 몇 개 가져올게. 소년: 오, 나는 정말로 사과를 좋아하지 않아. 소녀: 아, 나는 그것을 몰랐어.
09 ③ Morgan은 Jina에게 전화를 걸어 오후 2시 대신에 오후 5시에 만날 수 있는지 물었는데, Jina가 이유를 묻자 치과 예약을 잊어버렸다고 말했으므로 정답은 ③ '치과에 가야 해서'입니다. • appointment 예약 • regular 정기적인	[Cellphone rings.] M: Hi, Jina. This is Morgan. Can we meet at 5 p.m. <u>instead</u> of 2 p.m.? W: Hi, Morgan. Let me check my schedule. What's the reason for the <u>change</u>? M: I forgot about my dentist's <u>appointment</u>. Sorry about that. W: It's okay. Are you feeling okay? M: Yes, it's just a <u>regular</u> check-up. Thanks for asking. W: Alright, 5 p.m. works for me as well.	[휴대 전화가 울린다.] 남자: 안녕, 지나야. Morgan이야. 우리 오후 2시 대신에 오후 5시에 만날 수 있을까? 여자: 안녕, Morgan. 내 일정을 확인해 볼게. 변경의 이유는 뭐야? 남자: 나는 치과 예약을 잊어버렸어. (그것에 대해) 미안해. 여자: 괜찮아. 너는 몸은 괜찮아? 남자: 응, 그냥 정기적인 검진이야. 물어봐 줘서 고마워. 여자: 알았어, 오후 5시는 나도 괜찮아.
10 ② Emily가 어떻게 생겼는지 여자가 묻자 남자는 키가 크고 긴 머리를 가지고 있으며 선글라스를 끼고 여행 가방을 들고 있다고 하였으므로 정답은 ②입니다. • hold on 기다리다 • look for ~을 찾다	W: Honey, is your cousin Emily here? M: Hold on a second. I'm <u>looking</u> for her. W: What does she look <u>like</u>? M: She's tall and has long hair. Ah, there she is. W: <u>Where</u>? M: She's wearing sunglasses and carrying a <u>suitcase</u>.	여자: 여보, 당신의 사촌 Emily가 여기에 있나요? 남자: 잠시만 기다려 봐요. 나는 그녀를 찾고 있어요. 여자: 그녀는 어떻게 생겼어요? 남자: 그녀는 키가 크고 머리가 길어요. 아, 저기 그녀가 있네요. 여자: 어디에요? 남자: 그녀는 선글라스를 끼고 있고 여행 가방을 들고 있어요.
11 ① Lisa는 어제가 스승의 날이어서 작년 담임 선생님을 방문했다고 했으므로 정답은 ① '선생님 뵙기'입니다. • homeroom teacher 담임 선생님 • last 지난	B: Hi, Lisa. What did you do yesterday? G: I did something <u>special</u>. B: Oh, what was it? G: <u>Yesterday</u> was Teachers' Day. So I visited my homeroom <u>teacher</u> from last year. B: Oh, that's nice. I'm sure you <u>had</u> a great time.	소년: 안녕, Lisa야. 너는 어제 무엇을 했니? 소녀: 나는 뭔가 특별한 것을 했어. 소년: 오, 그게 뭐였어? 소녀: 어제는 스승의 날이었어. 그래서 나는 작년 나의 담임 선생님을 방문했어. 소년: 오, 그거 멋지다. 나는 네가 좋은 시간을 보냈다고 확신해.
12 ① Ava는 여름 방학마다 동물 보	M: Ava can't wait for her summer	남자: Ava는 그녀의 여름 방학이 기다려져요. 여

정답	JUMP UP 받아쓰기(스크립트)	해석

호 센터에서 동물을 돌본다고 하였으므로 정답은 ① '동물 돌보기'입니다.
- vacation 방학
- animal care center 동물 보호 센터

vacation. Every summer vacation, she goes to an animal care center. She takes care of animals there. She walks the dogs and washes them. She really loves spending time with the dogs.

름 방학마다, 그녀는 동물 보호 센터에 갑니다. 그녀는 거기에서 동물들을 돌봅니다. 그녀는 개들을 산책시키고 그들을 씻겨 줍니다. 그녀는 개들과 시간을 보내는 것을 정말 좋아합니다.

13 ②

검정색과 흰색의 건반들을 누르며 연주할 수 있는 악기는 ② '피아노'입니다.
- press 누르다
- key 건반

W: You can play this by pressing keys. The keys are black and white. Pressing them makes a beautiful sound.

여자: 당신은 이것을 건반들을 누르며 연주할 수 있습니다. 건반들은 검정색과 흰색입니다. 그것들을 누르는 것은 아름다운 소리를 만들어 냅니다.

14 ②

양파들을 잘라야 한다고 여자가 말하고 남자가 이에 대해 알겠다며 그다음은 뭘 해야 하는지 묻는 대화가 그림의 상황과 어울리므로 정답은 ②입니다.
- try on 입어 보다
- take a picture 사진을 찍다

① W: Can I try these pants on?
　M: Sure, you can.
② W: First, you need to cut the onions.
　M: Okay, and then?
③ W: Would you like more ice cream?
　M: Yes, please.
④ W: You shouldn't take pictures here.
　M: Sorry, I didn't know that.

① 여자: 제가 이 바지를 입어 봐도 될까요?
　남자: 물론이죠, 당신은 입어 볼 수 있어요.
② 여자: 먼저, 당신은 양파들을 자를 필요가 있어요.
　남자: 알겠어요, 그다음은요?
③ 여자: (당신은) 아이스크림 더 드실래요?
　남자: 네, 그렇게요.
④ 여자: 당신은 여기에서 사진을 찍으면 안 돼요.
　남자: 죄송해요, 저는 그걸 몰랐어요.

15 ④

남자아이가 제빵 수업을 듣는 게 어떠냐고 묻자 여자아이가 재밌겠다고 동의했으므로 정답은 ④ '제빵 수업 듣기'입니다.
- cloudy 흐린
- community center 지역 문화 센터

[Cellphone rings.]
B: Hi, Mia, let's go on a picnic tomorrow.
G: Hey, David. But it'll be very cloudy tomorrow.
B: Then how about taking a baking class?
G: A baking class? That sounds fun. Where is the class?
B: There's one at the community center.
G: Okay, let's go.

[휴대 전화가 울린다.]
소년: 안녕, Mia야, 내일 소풍 가자.
소녀: 이봐, David. 하지만 내일은 무척 흐릴 거야.
소년: 그러면 제빵 수업을 듣는 건 어때?
소녀: 제빵 수업? 그거 재밌겠다. 수업은 어디에서 해?
소년: 지역 문화 센터에 하나 있어.
소녀: 좋아, 가자.

16 ②

Oliver는 꿈꾸던 직업을 얻게 되어서 매우 행복하다고 말했으므로 정답은 ② 'pleased'입니다.
- Congratulations! 축하해!
- celebrate 축하하다

W: Oliver, I heard the news.
M: Hi, Suji. What news?
W: You finally got your dream job! Congratulations!
M: Oh, thanks a lot! I feel so happy now.
W: That's great! Let's celebrate together.

여자: Oliver, 나는 그 소식을 들었어.
남자: 안녕, 수지야. 어떤 소식?
여자: 너 마침내 너의 꿈꾸던 직업을 얻게 됐다며! 축하해!
남자: 오, 정말 고마워! 나는 지금 매우 행복해.
여자: 굉장해! 같이 축하하자.
① 속상한　② 기쁜　③ 충격을 받은　④ 실망한

17 ③

수영장은 한 블록 곧장 가서 Oak Street에서 오른쪽으로

G: Excuse me. How can I get to the swimming pool?

소녀: 실례합니다. 제가 수영장에 어떻게 갈 수 있을까요?

정답	JUMP UP 받아쓰기(스크립트)	해석

돌면 지하철역의 바로 맞은편이자 경찰서 옆에 있다고 하였으므로 정답은 ③입니다.

- across from
  ~의 바로 맞은편에
- subway station 지하철역

M: It's not far from here. Go straight one block and turn right on Oak Street.
G: Oak Street, got it. And then?
M: The pool is across from the subway station. It's next to the police office.
G: I see. Thank you for your help!
M: No problem.

남자: 그것은 여기에서 안 멀어요. 한 블록 곧장 가서 Oak Street에서 오른쪽으로 도세요.
소녀: Oak Street, 알았어요. 그다음은요?
남자: 수영장은 지하철역의 바로 맞은편에 있어요. 그것은 경찰서 옆이에요.
소녀: 알겠어요. 도움 주셔서 감사해요!
남자: 별말씀을요.

18 ①

남자아이는 남동생을 위한 선물로 퍼즐보다는 남동생이 요즘 관심이 있는 ① 'drone'을 사겠다고 말했습니다.

- put together 맞추다
- drone 드론

B: Hi, I'm looking for a gift for my brother.
W: How about this puzzle? It's fun to put together.
B: It's nice, but I don't think he would like it.
W: Okay, then how about this drone?
B: That's perfect! He's interested in flying drones these days. I'll take it.

소년: 안녕하세요, 저는 제 남동생을 위한 선물을 찾고 있어요.
여자: 이 퍼즐은 어때요? 맞추기에 재미있어요.
소년: 그건 멋지지만, 저는 그가 그것을 좋아할 거라고는 생각하지 않아요.
여자: 알았어요, 그럼 이 드론은 어때요?
소년: 그건 완벽해요! 그는 요즘 드론을 날리는 것에 관심이 있어요. 제가 그걸 살게요.
① 드론 ② 퍼즐 ③ 보드게임 ④ 만화책

19 ④

내일 있을 시험에 대해 걱정하냐는 물음에 대한 알맞은 응답은 ④ 'No, I don't have any worries about it.'입니다.

- worry 걱정하다
- problem 문제

B: Are you worried about the test tomorrow?

소년: 너는 내일 있을 시험에 대해 걱정하니?
① 걱정하지 마. 그건 네 문제가 아니야.
② 5분 후에 내게 다시 전화 줘.
③ 나는 여름 방학이 기다려져.
④ 아니, 나는 그것에 대한 어떠한 걱정도 없어.

20 ①

학교 장기 자랑에서 무엇을 할 것인지 물었으므로 이어질 응답으로 알맞은 것은 ① 'I'll perform some magic.'입니다.

- talent show 장기 자랑
- sign up 신청하다

G: Liam, the school talent show is coming up.
B: Yeah, I'm thinking about signing up for the show.
G: Oh, what are you going to do?

소녀: Liam, 학교 장기 자랑이 다가오고 있어.
소년: 응, 나는 장기 자랑에 신청하는 것을 생각 중이야.
소녀: 오, 너는 무엇을 할 거니?
① 나는 마술을 조금 보여 줄 거야.
② 무슨 일 있어?
③ 고맙지만 괜찮아. 나는 배가 불러.
④ 내가 이 쿠폰을 사용해도 될까?

🎵 **LISTEN UP** 실력 높여 보기   본문 126쪽

01 ④   **02** ⑤   **03** ④   **04** ③   **05** ②

정답	스크립트	해석

01 ④

그것에 대해 잠시 생각해 봐도 되냐는 물음에 문제없다고 천천히 하라고 답하는 것이 자연스

① W: Let's go play basketball.
   M: Sounds delicious. I love sweets.
② W: Can I get a discount?

① 여자: 농구하러 가요.
   남자: 맛있겠어요. 저는 단것들을 좋아해요.
② 여자: 제가 할인을 받을 수 있나요?

정답	스크립트	해석

러우므로 정답은 ④입니다.
- delicious 맛있는
- get a discount 할인을 받다

M: It looks beautiful. I'll take it.
③ W: You can't fish here.
   M: I'm good at drawing.
④ W: May I think about that for a moment?
   M: No problem. Take your time, please.
⑤ W: Would you like some salad?
   M: I want this shirt in a medium.

남자: 그것은 예뻐 보여요. 제가 그걸 살게요.
③ 여자: 당신은 여기서 낚시를 할 수 없어요.
   남자: 저는 그림을 잘 그려요.
④ 여자: 제가 그것에 대해 잠시 생각해 봐도 될까요?
   남자: 문제없어요. 천천히 하세요.
⑤ 여자: 샐러드 좀 드실래요?
   남자: 저는 이 셔츠를 중간 치수로 원해요.

02 ⑤

남자아이는 할머니를 위한 음식을 요리하기를 원하는데 할머니가 새로 좋아하는 음식이 호박 수프이므로 신선한 ⑤ '호박'을 사겠다고 말했습니다.
- mushroom 버섯
- pumpkin 호박

B: My grandma is coming this weekend. I want to cook her favorite food for her. She enjoys soups with vegetables like potatoes and mushrooms. But guess what? Her new favorite soup is pumpkin soup. So, I'll go to the market and buy fresh pumpkins. I hope she likes my cooking.

소년: 나의 할머니가 이번 주말에 오세요. 나는 할머니를 위해 할머니가 가장 좋아하는 음식을 요리하고 싶어요. 할머니는 감자와 버섯 같은 채소로 만든 수프를 즐겨요. 하지만 있잖아요? 할머니가 새로 좋아하는 수프는 호박 수프예요. 그래서 나는 시장에 가서 신선한 호박들을 살 거예요. 나는 할머니가 내 요리를 좋아하기를 바라요.

03 ④

캐릭터의 이름(Tilly), 외모(big round eyes and a pink nose), 좋아하는 것(to play with butterflies), 성격(very friendly and kind)은 언급했지만, ④ '나이'는 언급하지 않았습니다.
- character 캐릭터
- butterfly 나비

G: Let me tell you about my favorite animation character. Her name is Tilly. She's a cute tiger. She has big round eyes and a pink nose. She loves to play with butterflies. She's very friendly and kind to other animals.

소녀: 내가 가장 좋아하는 만화 영화 캐릭터에 대해 말씀드릴게요. 그녀의 이름은 Tilly예요. 그녀는 귀여운 호랑이에요. 그녀는 크고 둥근 눈과 분홍색 코를 가지고 있어요. 그녀는 나비들과 노는 것을 좋아해요. 그녀는 매우 상냥하고 다른 동물들에게 친절해요.

04 ③

여자는 남자의 표를 보고 다른 자리에 잘못 앉았다며 올바른 자리를 알려 주고, 남자는 자신의 자리인 줄 알았다며 옮기겠다고 말하고 있으므로 정답은 ③ '열차 승무원 – 승객'입니다.
- happen 일어나다
- all the time 줄곧, 항상

W: Excuse me, can I see your ticket?
M: Okay, here you go.
W: Thank you. [Pause] I'm sorry, but you're sitting in the wrong seat. Your seat is 3B, not 13B.
M: Oh, I'm sorry. I thought this was my seat.
W: No worries. It happens all the time.
M: Thanks for letting me know. I'll move right now.

여자: 실례합니다, 제가 당신의 표를 볼 수 있을까요?
남자: 네, 여기 있어요.
여자: 고마워요. [잠시 후] 유감스럽지만, 당신은 잘못된 자리에 앉아 계세요. 당신의 자리는 13B가 아니라 3B네요.
남자: 오, 죄송해요. 저는 이곳이 제 자리라고 생각했어요.
여자: 괜찮아요. 그런 일은 줄곧 일어나요.
남자: 알려 주셔서 감사해요. 지금 당장 옮길게요.

05 ②

자신이 가장 좋아하는 코미디 TV쇼에 나가게 되어 기뻐하는 여자아이에게 남자아이가 그 쇼를 즐기라고 말했으므로 이어질 응답으로 알맞은 것은 ② 'Thank you. I'm sure I will.'입니다.

G: William, guess what? I got a chance to be on my favorite comedy TV show!
B: That's great! Congratulations!
G: Yeah, I'm so excited!

소녀: William, 있잖아? 나는 내가 가장 좋아하는 코미디 TV쇼에 나갈 수 있는 기회를 얻었어!
소년: 잘됐네! 축하해!
소녀: 응, 나는 무척 신이 나!

정답	스크립트	해석
• chance 기회 • in person 직접	B: You're going to have so much fun! G: Right? I can't wait to see the comedians in person! B: I'm so happy for you! Enjoy the show!	소년: 너는 정말로 즐거운 시간을 보낼 거야! 소녀: 맞지? 나는 그 코미디언들을 직접 보는 게 기다려져! 소년: 정말 기쁘다! 그 쇼를 즐겨! ① 우리는 공원에 갈 거야. ② 고마워. 나는 그럴 거라 확신해. ③ 재미있는 영화를 보자. ④ 바깥은 춥고 바람이 불어. ⑤ 너는 다시는 늦지 말아야 해.

FLY UP

본문 132~133쪽

01 A What does she look like? / 그녀는 어떻게 생겼어요?

02 B It's windy and rainy. / 바람이 불고 비가 와요.

03 A What do you do every Tuesday? / 너는 매주 화요일마다 무엇을 하니?

04 B Yes, I'd love some more ice cream. / 네, 저는 아이스크림을 좀 더 원해요.

05 A Can I try these pants on? / 제가 이 바지를 입어 봐도 될까요?

06 Let me check my schedule. / 내 일정을 확인해 볼게요.

07 You had a great time. / 너는 좋은 시간을 보냈구나.

08 Let's get some cake. / 약간의 케이크를 가져오자.

09 Move it back and forth. / 그것을 앞뒤로 움직여 보세요.

10 The pool is across from the station. / 수영장은 역의 바로 맞은편에 있어요.

SPEAK UP

본문 134쪽

01 What color is it?

02 It'll be hot tomorrow.

03 I forgot about my dentist's appointment.

04 Look at these photos!

05 What did you do yesterday?

06 He's interested in dancing.

07 She loves spending time with the dogs.

Listen & Speak Up 10

WARM UP

A
01 prefer, ~을 더 좋아하다
02 borrow, 빌리다
03 noodle, 면, 국수
04 market, 시장
05 Spanish, 스페인어
06 exercise, 운동하다
07 carry, 운반하다
08 search, 찾다, 검색하다
09 scared, 무서워하는
10 behind, ~의 뒤에

B
01 prefer
02 borrow
03 noodle
04 market
05 Spanish
06 exercise
07 carry
08 search
09 scared
10 behind

LISTEN UP **JUMP UP**

LISTEN UP 듣기평가 모의고사 10

01 ②	02 ②	03 ③	04 ②	05 ③	06 ④	07 ④	08 ③	09 ①	10 ②
11 ④	12 ①	13 ①	14 ④	15 ③	16 ②	17 ③	18 ④	19 ①	20 ④

정답	JUMP UP 받아쓰기(스크립트)	해석
01 ② 그림의 무당벌레를 나타내는 단어는 ② 'ladybug'입니다.	W: ① ant ② ladybug ③ bee ④ butterfly	여자: ① 개미 ② 무당벌레 ③ 벌 ④ 나비
02 ② ② 'Which do you prefer?' 는 더 좋아하는 것을 묻는 표현입니다. • prefer ~을 더 좋아하다 • surprise 놀라게 하다	M: ① What brings you here? ② Which do you prefer? ③ Are you sure about it? ④ Does that surprise you?	남자: ① 여기는 어쩐 일이세요? ② 당신은 어떤 것을 더 좋아하나요? ③ 당신은 그걸 확신하나요? ④ 그게 당신을 놀라게 하나요?
03 ③ 여자아이가 가장 좋아하는 장소가 도서관이라고 했으므로 정답은 ③입니다.. • check out (책을) 대출하다 • quiet 조용한	G: My favorite place is the library. I can check out many books and read them there. It's also quiet so I can study there.	소녀: 내가 가장 좋아하는 장소는 도서관이에요. 나는 거기에서 많은 책들을 대출해서 그것들을 읽을 수 있어요. 그곳은 또한 조용해서 나는 거기에서 공부할 수 있어요.
04 ② 남자아이는 지금 자신의 브이로그를 위한 영상을 만드는 중이라고 했으므로 정답은 ② '영상 제작하기'입니다. • vlog 브이로그 • a lot of 많은	B: I'm making a video for my vlog now. It's about Korean elementary school students' favorite TV shows. I hope a lot of people watch my video.	소년: 지금 나는 내 브이로그를 위한 영상을 만드는 중이에요. 그것은 한국 초등학생들의 가장 좋아하는 텔레비전 쇼들에 관한 것이에요. 나는 많은 사람들이 내 영상을 보기를 바라요.

| 정답 | JUMP UP 받아쓰기(스크립트) | 해석 |

05 ③

여행자들에게 도움이 되고 한 도시나 지역 내 유명한 장소들을 보여 주고 유용한 정보를 제공해 주는 것은 ③입니다.

· helpful 도움이 되는

· provide 제공하다

W: This is a <u>helpful</u> thing for travelers. It shows famous places in a <u>city</u> or an area. It also <u>provides</u> useful information about those <u>places</u>.

여자: 이것은 여행자들에게 도움이 되는 것이에요. 그것은 한 도시나 지역 내 유명한 장소들을 보여 줘요. 그것은 또한 그 장소들에 관한 유용한 정보를 제공해 준답니다.

06 ④

캠핑을 갈 거냐는 물음에 자신이 가장 좋아하는 취미는 음악 감상이라고 답한 것은 자연스럽지 않으므로 정답은 ④입니다.

· agree 동의하다

· different 다른

① M: Can you play the <u>guitar</u>?
 W: Yes, I'm good at playing the guitar.
② M: What time do you go to <u>school</u>?
 W: I go to school at 8 o'clock.
③ M: Do you <u>agree</u> with me?
 W: No, I don't. I have a different idea.
④ M: Are you going to go <u>camping</u>?
 W: My favorite hobby is listening to music.

① 남자: 당신은 기타를 칠 수 있나요?
 여자: 네. 저는 기타를 잘 쳐요.
② 남자: 당신은 몇 시에 학교에 가나요?
 여자: 저는 8시에 학교에 가요.
③ 남자: 당신은 저에게 동의하나요?
 여자: 아니요. 저는 다른 생각을 가지고 있어요.
④ 남자: 당신은 캠핑을 갈 건가요?
 여자: 제가 가장 좋아하는 취미는 음악 감상이에요.

07 ④

여자아이가 점심으로 불고기를 제안하자 남자아이는 어제 그것을 먹었다며 ④ '쌀국수'를 제안했고 이에 여자아이가 그것을 먹자고 하였습니다.

· restaurant 음식점

· rice noodle 쌀국수

G: Wow! There are so many <u>restaurants</u> here.
B: Yeah, what do you want to eat for <u>lunch</u>?
G: How about bulgogi? It's my favorite.
B: Oh, I had <u>that</u> yesterday. What about rice noodles?
G: Rice noodles sound good, too. <u>Let's</u> have that.

소녀: 와! 정말 많은 음식점들이 여기 있네.
소년: 응, 너는 점심으로 뭘 먹고 싶어?
소녀: 불고기는 어때? 그것은 내가 가장 좋아하는 거야.
소년: 오, 나는 어제 그것을 먹었어. 쌀국수는 어때?
소녀: 쌀국수도 좋은 생각이야. 그걸 먹자.

08 ③

Jack은 어제 마트에서 자신이 가장 좋아하는 양파 맛 과자를 샀으므로 정답은 ③입니다.

· market 시장

· taste like ~ 같은 맛이 나다

· flavor 맛

G: Jack, I <u>saw</u> you at the market yesterday.
B: Oh, yes. I went to the <u>market</u> to buy some snacks.
G: What did you buy?
B: Onion Bites. They're my favorite <u>snack</u>. They taste like onions.
G: Onion flavor? Sounds <u>interesting</u>.
B: I have some here. You can try them.

소녀: Jack, 나는 어제 시장에서 널 봤어.
소년: 오, 맞아. 나는 과자를 좀 사러 시장에 갔었어.
소녀: 너는 뭐를 샀니?
소년: Onion Bites. 그것들은 내가 가장 좋아하는 과자야. 그것들은 양파 같은 맛이 나.
소녀: 양파 맛? 흥미로운 걸.
소년: 여기 좀 있어. 너는 그것을 먹어 봐도 돼.

09 ①

남자는 판다를 ① '아들이 좋아해서' 정말 보고 싶어 하기에 보러 왔다고 하였습니다.

· sick 아픈

· rest 쉬다

M: Hi, where can we see the <u>panda</u>?
W: Oh, she's not here right now.
M: Really? My son really wants to <u>see</u> the panda. He loves pandas.
W: I'm so sorry. The panda is sick and <u>resting</u>.

남자: 안녕하세요. 우리가 어디에서 판다를 볼 수 있나요?
여자: 오, 판다는 지금 여기에 없어요.
남자: 정말요? 제 아들이 판다를 정말 보고 싶어 해요. 그는 판다를 매우 좋아해요.
여자: 정말 죄송해요. 판다는 아파서 쉬고 있어요.

정답	JUMP UP 받아쓰기(스크립트)	해석

M: I understand. I hope she gets better
soon.
W: Thank you.

남자: 알겠어요. 저는 판다가 얼른 낫기를 바라요.
여자: 고마워요.

10 ②

Brown 선생님은 안경을 쓰고 있다는 아들의 말에 엄마는 빨간색 넥타이가 선생님과 잘 어울린다고 하였으므로 정답은 ② 입니다.
• wear 쓰다, 입다
• look good on
  ~와 잘 어울리다

B: Mom, look at this picture.
W: Oh, who are they?
B: They're my teachers at school.
W: I see. Which one is Mr. Brown, your homeroom teacher?
B: He's wearing glasses here.
W: Oh, that red tie looks good on him.

소년: 엄마, 이 사진 보세요.
여자: 오, 그들은 누구니?
소년: 그들은 학교의 제 선생님들이에요.
여자: 그렇구나. 네 담임 선생님이신 Brown 선생님은 누구시니?
소년: 그는 여기 안경을 쓰고 있어요.
여자: 오, 그 빨간색 넥타이가 그와 잘 어울리는구나.

11 ④

Amy는 여름 방학에 특별한 계획이 있냐는 남자아이의 질문에 스페인어를 공부할 거라고 답했으므로 정답은 ④ '스페인어 공부하기'입니다.
• Spanish 스페인어
• someday 언젠가

B: Amy, our summer vacation is coming soon!
G: Yeah, I'm so excited.
B: Do you have any special plans?
G: I'm going to study Spanish.
B: Spanish? Why?
G: I want to visit Spain someday.

소년: Amy, 우리의 여름 방학이 얼마 남지 않았어!
소녀: 응, 나는 무척 신이 나.
소년: 너는 특별한 계획들을 가지고 있니?
소녀: 나는 스페인어를 공부할 거야.
소년: 스페인어? 왜?
소녀: 나는 언젠가 스페인을 방문하고 싶어.

12 ①

Daniel은 아침에는 수영을 하러 가고, 오후에는 팔 굽혀 펴기를 하고, 저녁에는 줄넘기를 한다고 하였으므로, 하지 않을 일은 ① '조깅'입니다.
• improve 증진시키다
• exercise 운동하다

W: Daniel wants to improve his health. He plans to exercise every weekend. In the morning, he'll go swimming. In the afternoon, he'll do 50 push-ups. He'll also do jump rope in the evening.

여자: Daniel은 그의 건강을 증진시키기를 원해요. 그는 매주 주말마다 운동을 할 계획입니다. 아침에, 그는 수영을 하러 갈 거예요. 오후에, 그는 50개의 팔 굽혀 펴기를 할 거예요. 그는 저녁에는 또한 줄넘기를 할 거예요.

13 ①

바다 위에서 물건들을 운반하고 바다를 가로질러서 사람들을 나르는 데 유용한 것은 ① '배'입니다.
• useful 유용한
• carry 운반하다, 나르다

M: This is a large boat. It's useful for carrying things on the ocean. It's also useful for carrying people across the sea.

남자: 이것은 큰 배입니다. 그것은 바다 위에서 물건들을 운반하는 데 유용합니다. 그것은 또한 바다를 가로질러서 사람들을 나르는 데도 유용합니다.

14 ④

그림에서 두 사람이 태블릿 PC를 보며 대화하고 있으므로 인터넷에서 정보를 찾아보자고 말하고 이에 동의하는 대화가 어울리므로 정답은 ④입니다.
• quite a few 꽤 많이
• information 정보

① G: It's nice to meet you.
   B: It's a pleasure to meet you as well.
② G: I'm sorry about my mistake.
   B: That's all right. I understand.
③ G: I'm thinking of buying this T-shirt.
   B: Well, I think you already have quite a few.
④ G: Let's search for information on the Internet.

① 소녀: 너를 만나서 반가워.
   소년: 나도 너를 만나서 즐거워.
② 소녀: 내 실수 때문에 미안해.
   소년: 괜찮아. 나는 이해해.
③ 소녀: 나는 이 티셔츠를 사려고 생각 중이야.
   소년: 음, 내 생각에 너는 이미 꽤 많이 가지고 있는 것 같은데.
④ 소녀: 인터넷에서 정보를 찾아보자.
   소년: 그거 좋은 생각이야. 그렇게 하자.

정답	JUMP UP 받아쓰기(스크립트)	해석

B: That's a good idea. Let's do it.

15 ③

여자아이가 내일 같이 수학 숙제를 끝내는 게 어떠냐고 묻자 Chris가 좋은 생각이라고 말했으므로 정답은 ③ '숙제 끝마치기'입니다.
• forget 잊어버리다
• each other 서로서로

G: Chris, let's play badminton this weekend.
B: I'd love to, but I can't. I have to finish Ms. Kim's math homework.
G: Oh, I forgot about that. Why don't we finish it together tomorrow? We can help each other.
B: Great idea! Then I'll be free on the weekend.
G: And we can play badminton this weekend.
B: Okay.

소녀: Chris, 이번 주말에 배드민턴을 같이 치자.
소년: 나는 그러고 싶지만 그럴 수 없어. 나는 김 선생님의 수학 숙제를 끝내야 해.
소녀: 오, 나는 그것에 대해 잊어버렸어. 우리 내일 같이 그걸 끝내는 게 어때? 우리는 서로서로 도와줄 수 있어.
소년: 좋은 생각이야! 그러면 나는 주말에 한가해질 거야.
소녀: 그리고 우리는 이번 주말에 배드민턴을 칠 수 있어.
소년: 좋아.

16 ②

Susan은 밖의 뇌우가 너무 시끄럽고 무섭다고 말했으므로 정답은 ② 'scared'입니다.
• thunderstorm 뇌우
• loud 시끄러운

M: Susan, are you okay?
G: Dad, the thunderstorm outside is so loud and scary!
M: It's okay, honey.
G: I want to hide under my blanket. I hope it'll pass soon.
M: I'll stay with you. Don't be scared.
G: When will it be over? I feel really scared right now.

남자: Susan, 너 괜찮아?
소녀: 아빠, 밖의 뇌우가 너무 시끄럽고 무서워요!
남자: 괜찮아, 얘야.
소녀: 저는 제 담요 밑에 숨고 싶어요. 저는 그게 곧 지나가길 바라요.
남자: 내가 너와 함께 있을게. 겁먹지 마렴.
소녀: 언제 그게 끝날까요? 저는 지금 너무 무서워요.
① 지루한 ② 무서워하는 ③ 기쁜 ④ 질투하는

17 ③

가위는 책상 서랍과 창가의 탁자에는 없었고, 책 뒤에 있었다고 하였으므로 정답은 ③입니다.
• drawer 서랍
• either 또한

G: Brad, where are the scissors?
B: Did you look in your desk drawer?
G: Yes, they're not there.
B: What about the table by the window?
G: No, they're not there, either.
B: Oh, I found them. They were behind the books.

소녀: Brad, 가위는 어디에 있어?
소년: 너는 네 책상 서랍 안을 살펴봤니?
소녀: 응, 그것은 거기에 없어.
소년: 창가의 탁자는 어때?
소녀: 아니, 그것은 거기에도 없어.
소년: 오, 내가 그것을 찾았어. 그것은 책들 뒤에 있었어.

18 ④

Chloe가 학급 우산을 빌릴 수 있는지 묻고 있으므로 정답은 ④ 'umbrella'입니다.
• borrow 빌리다
• return 반납하다

G: Hello, Mr. Han.
M: Hi, Chloe. What's up?
G: Can I borrow a classroom umbrella?
M: Oh, is it raining now? Sure, you can use one. Just return it later.
G: Thank you very much.
M: No problem.

소녀: 안녕하세요, 한 선생님.
남자: 안녕, Chloe. 무슨 일이니?
소녀: 제가 학급 우산을 빌릴 수 있을까요?
남자: 오, 지금 비가 오니? 물론이지, 너는 하나를 사용해도 돼. 그냥 나중에 그것을 반납하렴.
소녀: 정말 고마워요.
남자: 천만에.
① 모자 ② 책 ③ 지우개 ④ 우산

19 ①

제가 당신을 뭐라고 불러야 되나는 질문에 알맞은 응답은 ① 'Just

M: What can I call you?

남자: 제가 당신을 뭐라고 불러야 하나요?
① 그냥 Ms. Lee라고 부르세요.

정답	JUMP UP 받아쓰기(스크립트)	해석
call me Ms. Lee, please.'입니다. • curious 궁금한 • because of ~ 때문에 • get up 일어나다		② 우리는 그게 궁금하지 않아요. ③ 그것은 전부 날씨 때문이에요. ④ 저는 매일 일찍 일어나려고 노력해요.
20 ④ 생일에 무엇을 하기를 원하느냐는 아빠의 말에 이어질 여자아이의 알맞은 응답은 ④ 'I'd love to go out for dinner.'입니다. • corner 모퉁이 • go out 나가다, 외출하다	M: Happy birthday, my <u>dear</u> daughter! G: Thank you, <u>Dad</u>! M: What <u>would</u> you like to <u>do</u> for your birthday?	남자: 생일 축하한다, 사랑하는 딸아! 소녀: 고마워요, 아빠! 남자: 너는 네 생일을 위해 무엇을 하고 싶니? ① 저에게 나중에 전화 주실래요? ② 첫 번째 모퉁이에서 오른쪽으로 도세요. ③ 당신은 컴퓨터를 잘하나요? ④ 저는 저녁을 먹으러 나가고 싶어요.

LISTEN UP 실력 높여 보기

본문 140쪽

01 ④   **02** ⑤   **03** ③   **04** ②   **05** ①

정답	스크립트	해석
01 ④ 마술사 이름(Noah Choi), 공연 장소(Daehan Stadium), 티켓 가격(from 50 dollars), 웹사이트(www.magicnoah.com)는 언급했지만, ④ '특별 게스트'는 언급하지 않았습니다. • price 가격 • information 정보	W: Don't miss Noah Choi's magic show. It'll be on December 24th at Daehan Stadium. Ticket prices start from 50 dollars. For more information, please visit www.magicnoah.com.	여자: Noah Choi의 마술 쇼를 놓치지 마세요. 그것은 대한 경기장에서 12월 24일에 개최될 것입니다. 티켓 가격은 50달러부터 시작합니다. 더 많은 정보를 위해서는 www.magicnoah.com을 방문해 주세요.

02 ⑤
어떤 종류의 음악을 좋아하는지 묻는 말에 고전 음악을 좋아한다고 답하는 것이 자연스러우므로 정답은 ⑤입니다.
• expensive 비싼
• classical 고전적인
	① M: Don't worry. You'll do fine.
	  W: You don't need that pencil anymore.
	② M: When do you go to school?
	  W: I'm sorry but you can't use it.
	③ M: Where's my bag?
	  W: It's too expensive for me.
	④ M: Did you get up early today?
	  W: No, I didn't break the window.
	⑤ M: What kind of music do you like?
	  W: I like classical music.
		① 남자: 걱정하지 마. 너는 잘할 거야.
		  여자: 너는 그 연필을 더 이상 필요로 하지 않아.
		② 남자: 너는 언제 학교에 가니?
		  여자: 미안하지만 너는 그걸 사용할 수 없어.
		③ 남자: 내 가방은 어디에 있어?
		  여자: 그건 나에게 너무 비싸.
		④ 남자: 너는 오늘 일찍 일어났니?
		  여자: 아니, 나는 창문을 부수지 않았어.
		⑤ 남자: 너는 어떤 종류의 음악을 좋아하니?
		  여자: 나는 고전 음악을 좋아해.

03 ③ 롤러코스터 줄이 길어서 범퍼카를 먼저 타기로 하였으므로 두 아이가 대화하는 장소는 ③ '놀	B: Claire, we're finally here. G: Yeah, I'm so excited. B: What do you want to ride first?	소년: Claire, 우리는 마침내 여기에 왔어. 소녀: 응, 나는 무척 신이 나. 소년: 너는 어떤 걸 먼저 타고 싶니?

정답	스크립트	해석
이공원'입니다. • roller coaster 롤러코스터 • line 줄	G: Well, how about that roller coaster? It looks fun. B: It does, but the line is so long. G: Okay, then let's go on the bumper cars first.	소녀: 음, 저 롤러코스터는 어때? 그것은 재밌어 보여. 소년: 맞아, 하지만 줄이 너무 길어. 소녀: 알겠어, 그러면 범퍼카를 먼저 타러 가자.
04 ② 남자아이는 자신의 물건을 팔기 위해 온라인상에 메시지를 올렸는데, 어제 누군가가 자신의 램프를 사기를 원한다는 메시지를 보냈다고 했으므로 정답은 ② 'lamp'입니다. • used 중고의 • post 게시하다	B: These days, people buy and sell used things. I have a nice lamp and some cool T-shirts. But I don't need them anymore. I posted a message online to sell them. Yesterday, someone sent me a message. He wanted to buy my lamp! I'm really excited to sell it.	소년: 요즘, 사람들은 중고 물건들을 사고팔아요. 나는 멋진 램프와 멋진 티셔츠 몇 개를 가지고 있어요. 하지만 나는 그것들을 더 이상 필요로 하지 않아요. 나는 그것들을 팔기 위해 온라인상에 메시지를 게시했어요. 어제, 누군가가 나에게 메시지를 보냈어요. 그는 나의 램프를 사기를 원했어요! 나는 그것을 팔게 되어 정말로 신나요. ① 책 ② 램프 ③ 모자 ④ 티셔츠 ⑤ 손전등
05 ① 딸이 더 이상 입지 않는 옷들을 버린다고 말하자 아빠는 그것들을 기부하라고 했으므로, 정답은 ① '입지 않는 옷을 기부해라.'입니다. • throw away 버리다 • donate 기부하다	G: Dad, can you help me take this box outside? M: Sure, but why? G: I put some clothes in the box. I don't use them anymore. I'm throwing them away. M: What? They could still be useful. Why don't you donate them? G: You mean give them to other people? M: Yes, you can help others. G: Okay, that's a great idea.	소녀: 아빠, 제가 이 상자를 밖으로 가져가는 걸 도와주실래요? 남자: 물론이지, 근데 왜? 소녀: 저는 상자에 몇 개의 옷들을 넣었어요. 저는 그것들을 더 이상 사용하지 않아요. 저는 그것들을 버리려고요. 남자: 뭐라고? 그것들은 여전히 유용할 수 있어. 너는 그것들을 기부하는 게 어때? 소녀: 아빠 말씀은 그것들을 다른 사람들에게 주라는 건가요? 남자: 맞아, 너는 다른 사람들을 도와줄 수 있어. 소녀: 좋아요, 그거 좋은 생각이네요.

 **FLY UP**

본문 146~147쪽

01 A What are you doing? / 너는 무엇을 하고 있는 중이니?

02 B I go to school at 8 o'clock. / 나는 8시에 학교에 가.

03 A What do you want to eat? / 너는 무엇을 먹고 싶니?

04 B They're my teachers. / 그들은 제 선생님들이에요.

05 A What does he plan to do? / 그는 무엇을 할 계획인가요?

06 I'm sorry about my mistake. / 저는 제 실수 때문에 죄송해요.

07 I'm good at playing the guitar. / 나는 기타를 잘 쳐요.

08 This is a helpful thing for travelers. / 이것은 여행자들에게 도움이 되는 것이에요.

09 That tie looks good on him. / 그 넥타이는 그와 잘 어울리네요.

10 I want to hide under my blanket. / 저는 제 담요 밑에 숨고 싶어요.

01 I have a creative idea.

02 Are you sure about it?

03 Our winter vacation is coming soon.

04 When will it be ready?

05 What about chicken curry?

06 No, they're not there, either.

07 Do you agree with his opinion?

초등

영어듣기평가
완벽대비
Listen & Speak Up

4-2

EBS와 함께하는 자기주도 학습 초등·중학 교재 로드맵

		예비 초등	1학년	2학년	3학년	4학년	5학년	6학년
전과목 기본서/평가			**BEST** 만점왕 국어/수학/사회/과학 — 교과서 중심 초등 기본서		만점왕 통합본 학기별(8책) **HOT** — 바쁜 초등학생을 위한 국어·사회·과학 압축본			
				만점왕 단원평가 학기별(8책) — 한 권으로 학교 단원평가 대비				
				기초학력 진단평가 초2~중2 — 초2부터 중2까지 기초학력 진단평가 대비				
국어	독해		4주 완성 독해력 1~6단계 — 학년별 교과 연계 단기 독해 학습					
	문학							
	문법							
	어휘		어휘가 독해다! 초등 국어 어휘 1~2단계 — 1, 2학년 교과서 필수 낱말 + 읽기 학습		어휘가 독해다! 초등 국어 어휘 기본 — 3, 4학년 교과서 필수 낱말 + 읽기 학습		어휘가 독해다! 초등 국어 어휘 실력 — 5, 6학년 교과서 필수 낱말 + 읽기 학습	
	한자	참 쉬운 급수 한자 8급/7급Ⅱ/7급 — 한자능력검정시험 대비 급수별 학습	어휘가 독해다! 초등 한자 어휘 1~4단계 — 하루 1개 한자 학습을 통한 어휘 + 독해 학습					
	쓰기	참 쉬운 글쓰기 1-따라 쓰는 글쓰기 — 맞춤법·받아쓰기로 시작하는 기초 글쓰기 연습		참 쉬운 글쓰기 2-문법에 맞는 글쓰기/3-목적에 맞는 글쓰기 — 초등학생에게 꼭 필요한 기초 글쓰기 연습				
	문해력		어휘/쓰기/ERI독해/배경지식/디지털독해가 문해력이다 — 평생을 살아가는 힘, 문해력을 키우는 학기별·단계별 종합 학습			문해력 등급 평가 초1~중1 — 내 문해력 수준을 확인하는 등급 평가		
영어	독해	**EBS ELT 시리즈** | 권장 학년 : 유아 ~ 중1 EBS Big Cat — Collins BIG CAT — 다양한 스토리를 통한 영어 리딩 실력 향상 EBS Big Cat — Shinoy and the Chaos Crew — 흥미롭고 몰입감 있는 스토리를 통한 풍부한 영어 독서 EBS easy learning — 저연령 학습자를 위한 기초 영어 프로그램			EBS랑 홈스쿨 초등 영독해 Level 1~3 — 다양한 부가 자료가 있는 단계별 영독해 학습			
						EBS 기초 영독해 — 중학 영어 내신 만점을 위한 첫 영독해		
	문법				EBS랑 홈스쿨 초등 영문법 1~2 — 다양한 부가 자료가 있는 단계별 영문법 학습			
						EBS 기초 영문법 1~2 **HOT** — 중학 영어 내신 만점을 위한 첫 영문법		
	어휘				EBS랑 홈스쿨 초등 필수 영단어 Level 1~2 — 다양한 부가 자료가 있는 단계별 영단어 테마 연상 종합 학습			
	쓰기							
	듣기				초등 영어듣기평가 완벽대비 학기별(8책) — 듣기 + 받아쓰기 + 말하기 All in One 학습서			
수학	연산		만점왕 연산 Pre 1~2단계, 1~12단계 — 과학적 연산 방법을 통한 계산력 훈련					
	개념							
	응용		만점왕 수학 플러스 학기별(12책) — 교과서 중심 기본 + 응용 문제					
	심화					만점왕 수학 고난도 학기별(6책) — 상위권 학생을 위한 초등 고난도 문제집		
	특화		초등 수해력 영역별 P단계, 1~6단계(14책) — 다음 학년 수학이 쉬워지는 영역별 초등 수학 특화 학습서					
사회	사회 역사				초등학생을 위한 多담은 한국사 연표 — 연표로 흐름을 잡는 한국사 학습			
					매일 쉬운 스토리 한국사 1~2/스토리 한국사 1~2 — 하루 한 주제를 이야기로 배우는 한국사 / 고학년 사회 학습 입문서			
과학	과학							
기타	창체		창의체험 탐구생활 1~12권 — 창의력을 키우는 창의체험활동·탐구					
	AI		쉽게 배우는 초등 AI 1(1~2학년) — 초등 교과와 융합한 초등 1~2학년 인공지능 입문서		쉽게 배우는 초등 AI 2(3~4학년) — 초등 교과와 융합한 초등 3~4학년 인공지능 입문서		쉽게 배우는 초등 AI 3(5~6학년) — 초등 교과와 융합한 초등 5~6학년 인공지능 입문서	